# 心中有学生
# 教学有方向

## 基于核心素养背景下
## 思想政治教学的行与思

白惠冰 / 编著

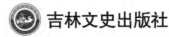

吉林文史出版社

图书在版编目（CIP）数据

心中有学生　教学有方向：基于核心素养背景下思想政治教学的行与思 / 白惠冰编著. — 长春：吉林文史出版社，2020.8
ISBN 978-7-5472-7093-6

Ⅰ.①心… Ⅱ.①白… Ⅲ.①政治课—教学研究—高中 Ⅳ.①G633.202

中国版本图书馆CIP数据核字（2020）第140644号

心中有学生　教学有方向：基于核心素养背景下思想政治教学的行与思
XIN ZHONG YOU XUESHENG JIAOXUE YOU FANGXIANG：JIYU HEXIN SUYANG BEIJING XIA SIXIANG ZHENGZHI JIAOXUE DE XING YU SI

编　　著：白惠冰
责任编辑：程　明
封面设计：言之凿
出版发行：吉林文史出版社有限责任公司
电　话：0431-81629369
地　址：长春市福祉大路5788号
邮　编：130117
网　址：www.jlws.com.cn
印　刷：北京政采印刷服务有限公司
开　本：170mm×240mm　1/16
印　张：15.75　　　　字数：284千字
印　次：2022年6月第1版　2022年6月第1次印刷
书　号：ISBN 978-7-5472-7093-6
定　价：45.00元

## 探索建构品质课堂的新生之路

《教育部关于全面深化课程改革　落实立德树人根本任务的意见》强调：教育要由研究知识转向研究全程育人、综合育人、全面育人。过去教师主要是立足学科做教研，研究的问题局限于学科知识怎样传授；现在，我们要关注的是如何使教研工作在立足于学科研究、知识技能研究的基础上向整体关注人、培育人转变，从学科教学转向学科育人。

2018年9月，党中央召开新时代第一次全国教育大会，习近平总书记发表重要讲话，从党和国家事业发展全局的战略高度，对新时代教育工作进行了全面、系统、深入的阐述和部署，在我国教育发展史上具有里程碑意义。

习近平总书记强调，要健全立德树人落实机制，以培养德智体美劳全面发展的社会主义建设者和接班人为根本目标，着力促进学生思想道德素养、科学文化素养、人文和审美素养、健康和劳动素养的全面提升。

笔者所在学校近几年（特别是近三年）的办学轨迹，是一条快速奔跑的轨迹，也是一条高位发展的轨迹。

1. 一本线82人（2012年）→149人（2013年）→263人（2014年）→290人（2015年）→408人（2016年）→650人（2017年）→高分优先投档线662人（2018年），646人（2019年），680人（2020年）。

2. 本科率高达98.4%。

3. 一批同学被"双一流"学校录取，如清华大学、中国政法大学、北京航空航天大学、中国人民公安大学、吉林大学、中山大学、华南理工大学、南开大学、西南政法大学、香港中文大学（深圳）、北京电影学院、中国传媒大学、北京服装学院等。

笔者决定出版此书，主要基于以下三方面的思考。

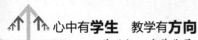

## 一、基于对品质课堂的理想追求

哈佛大学对课堂教学有一个非常生动的比喻："好的课堂教学，就是把学生带到高速公路的入口处。"一所学校，倘若全体教师能形成共通的课堂教学价值观，让课堂教学朝着既定的价值方向去践行，且行且思，必能真正实现高品质的课堂教学。

## 二、基于"新质量"时代学校转型升级的需要

### 1. 困惑之一：源于校本部分课堂低效乃至无效的反思

2012年7月，笔者从南海中学调入桂城中学任教学副校长，那一年，桂城中学高考一本上线数为82人，创历史新低，究其原因主要有以下几点：

一方面，2008年桂城中学与平州高中合并后，教师队伍年龄偏大，结构性失衡，8年未进新毕业生，教师队伍的职业倦怠感日益膨胀。另一方面，笔者深入课堂，第一学期听课100多节，用新课程理念审视课堂状况，发现只见教材、不见学生的教学模式相当普遍，课堂上很多提问更是没价值的。

与此同时，佛山市、南海区两级教研部门对学校的教学视导反馈："教师课堂面面俱到，老师是'话霸'，我讲你听的'满堂灌'现象相当普遍。"

整改意见：课堂教学模式的改革势在必行！

### 2. 困惑之二：源于工作室跟岗学员专业发展状态的反思

从2016年起，笔者主持的工作室陆续接待了多批省级骨干教师跟岗培训的学员（由华师、嘉应学院等高校派出）。通过观看他们的说课、说题、上研究课及评课等活动，笔者发现有相当一部分学员在教学设计、课堂驾驭能力及教科研视角等方面存在明显不足，与笔者理想中的骨干教师还有一定距离。

工作室学员放下手头的一切工作来跟岗学习，笔者作为主持人，应把他们引向何方，能为他们提供什么服务，这是需要着重考虑的问题。

## 三、基于国内外课堂教学模式的学习与反思

### （一）国外研究现状

#### 1. 翻转课堂

2011年，美国明尼苏达州斯蒂尔沃特834独立学区6个五年级班开始在数学

课堂中尝试一种新的教学模式，以此代替教师每天在讲台前讲课，学生回家做作业的传统模式。这种模式表现为：教师们为每天的数学课准备7~12分钟的在线视频，学生需要先在家看完这些视频教学，然后回到课堂上学习新知识，学生在教师和同伴的帮助下完成作业或开展讨论。

**2. 慕课**

"慕课"（MOOC），第一字母"M"代表Massive（大规模）。慕课与传统课堂只有几十个或几百个学生不同，注册学员动辄上万人，最多达16万人；第二个字母"O"代表Open（开放），以兴趣为导向，凡是想学习的人都可以学，不分国籍，只需一个邮箱，就可注册参与；第三个字母"O"代表Online（在线），学习在网上完成，无须旅行，不受时空限制；第四个字母"C"代表Course，是课程的意思。尽管这些课程对学习者并没有特别要求，但所有慕课会以每周研讨话题的形式进行，提供大体的时间表，其余的课程结构也是最小的，通常会包括每周一次的讲授、研讨问题及阅读建议等。

**（二）国内研究现状**

**1. 江苏洋思中学的"先学后教""兵教兵"**

洋思中学采用"先学后教、当堂训练"的模式，较好培养了学生的自学能力，减轻了学生的负担，解决了后进生的问题，学生每门课考试成绩都比较优秀。课堂上教师先提出学习内容与要求，学生在限定时间内自学，再做课本上的练习。教师当堂布置作业，当堂检查，课后不留作业。"先学后教"的"教"字，不是老师真正意义上的教，而是老师对学生做的练习题做出评判，个别不会做的由教师指导。

**2. 江苏东庐中学"讲学稿""以学定教"**

1999年，江苏东庐中学开展以"讲学稿"为载体"教学合一"的教学改革，期望探索出一条教育观念新、方法活、学生负担轻、教学质量高的新生之路。

"讲学稿"源自新的备课模式："提前备课，轮流主备，集体研讨，优化学案，师生共用。"主备教师提前一周将草稿给组长初审，提前两天发给全体组员修改，充实后交主管领导审定，制成正式文本，上课前一天发给学生。第二天上课师生共用文稿；课后，教师在"讲学稿"上写"课后记"，学生写"学后记"，下次集中备课交流时作为补充。"讲学稿"不是简单照搬课程标准，而是以学生有效学习作为教学设计的具体要求。

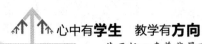
### 3. 小组合作学习模式

小组合作学习模式源于20世纪60年代社会心理学家对学生集体动力作用的研究。20世纪70年代中期兴起，80年代中期发展为一种课堂教学策略。目前已广泛用于50多个国家的中小学课堂。

合作学习在形式上是学生座位排列的结构优化，由过去的秧田式变成合围而坐，实质是学生间建立起一种积极的依存关系，每一个组员不仅要自己能动学习，还有责任帮助其他同学学习，以全组每一个同学都学好为目标。教师根据小组的总体表现进行奖励，学生是同自己的过去比较而获得奖励。

### （三）本书的研究视角及性质、作用

当下，我国教育已进入一个"新质量"时代，它呼唤学校转型升级，要求关注学生核心素养的提升；它要求学校教育给予学生的不仅仅是一张"双一流"大学的入场券，更重要的是一个发展的未来！

教师教学活力是课堂活力的发动机，决定着课堂的样态。然而，仰望品质课堂，本校的高升学率与高品质课堂还存在较大差距。在核心素养背景下，在指向立德树人的课改实践当中，如何打造高品质课堂，值得我们深入探究与践行。

### 1. 从性质看

本书既不是纯理论研究，也不是政策性研究，而是具有广泛推广价值的实践应用性研究。

### 2. 从作用上看

本书研究的视角与新一轮教育改革实践（特别是课堂教学）紧密相连。

因此，笔者研究的实施过程实际上就是教育教学改革实践的过程，同时也是研究成果直接应用于教育改革实践和在其中理解检验的过程，两者相辅相成。

白惠冰

2018年12月写于桂城中学

# 目 录

## 第一章　我的课堂革命

## 第二章　实践感悟之教师篇

## 第三章　**实践感悟之学生篇**

## 第四章　**工作室剪影**

## 第五章　我当副校长的那些事儿

# 1

## 第一章

# 我的课堂革命

# "三环灵动课堂"的核心理念、研究背景与思路

## "三环灵动课堂"的核心理念

### 一、什么是"三环"?

所谓"三环"是指教师在课堂教学过程中通过聚焦课堂讨论的核心话题（设疑），然后择机悬疑、精准点拨（探疑），最后质疑再探（升格训练、练中悟、悟中练）这三个环环相扣的环节，避免了课堂教学随意性的弊端，让课堂教学结构走向科学化、合理化、有序化，它包含以下三个操作层面。

**第一环：巧妙设疑**

每节课，教师都要围绕新课程标准与学生核心素养背景下的必备知识与关键能力要求，巧妙设计不多于3个阶梯式自主探究的核心话题，规避无效提问或浅表性讨论。课堂上，教师要引导学生围绕核心话题自主学习、合作探究，总时间控制在15分钟左右。与此同时，学生在3个核心话题的导引下，敢于质疑、敢于争辩，在辩中学、学中悟，让答案在动态中生成，教师包容课堂的不完美。

**第二环：悬疑探疑**

课堂上，教师用10分钟择机悬疑，高效引领，精准点拨。教师要坚决摒弃抢占课堂话语权、我讲你听的"满堂灌"作风，也要反对浮潜在表面的"一问一答"式师生互动；要追求积极的生生互动、师生互动，并及时纠错，达到"双主体"联动与"兵教兵、兵强兵"的效果。同时，教师要善于搭建平台"分享成果"，在聆听中适时追问，择机悬疑，真正达到精准点拨的效果。

第三环：质疑再探，升格训练

教师通过创设新颖情景，进行10分钟当堂训练，让学生初步建构起知识体系。

任何一种素养的提升都离不开有"质"、有"量"的实操训练，以及及时纠错与及时反馈。而大凡高品质的课堂，教师都会高度重视每节课的当堂训练，通过创设结构完整或不完整的新颖情景，建构知识体系，训练学生的思辨能力、逻辑推理能力，从而提升学生的学科素养。

操作路径：教师依据新课标、教材要求，合理把控教学内容的难易度，精心设计出"思维导图"或"基础性、针对性、拓展性"的阶梯式练习（高三毕业班还可以通过做高考真题进行练习），其形式可以是书面，也可以是口头的；可以是个体，也可以是群体的。在此，笔者特别推崇教师"两支红笔进课堂"或依托大数据，即时反馈学情，及时纠错。

注："两支红笔进课堂"是一种力求即时发现差错、纠正差错的做法。首先是要求教师携带一支红笔进课堂。每到学生训练时间，老师现场巡查批阅，在保证批阅质量的基础上，批得越多越好，及时发现教学中的存在问题，及时指导学生纠正。其次是要求学生自备一支红笔。无论是作业本、试卷，还是各种练习册，只要出现错误，教师都要求学生用红笔进行改正。另提倡学生边读书边用红笔在书本上将重点、难点进行圈点，便于复习时查找，再次记忆，加深印象。

最后：余下3～5分钟整理知识框架或课堂感悟。

## 二、什么是"灵动课堂"？

所谓"灵动课堂"是指教师的教育教学要基于学情，动态把握课堂操作策略，充分发挥学科育人的功能。

"灵动课堂"的内涵包括以下四方面内容：一是教学模式方向。针对高中学校的不同层次生源、不同学段、不同课型，灵活采用"三环"教学模式。二是分析、整合教材方向。针对高中思想政治学科的四个必修模块（即经济生活、政治生活、生活与哲学、文化生活），基于"三环"背景下，灵活分析、整合教材内容，构建知识框架。三是教学手段方向。基于核心素养与"三环"背景下，灵活筛选、运用教学手段，激发学生的学习内驱力，培养学生的思辨能力、逻辑推理能力及知识建构能力。四是评价体系方向。"三环"背景下，基于高考改革、基于学科测评体系与命题框架的改革，灵活、多元的过程性评价与终结性评价（含教师的评价、学生的评价）相结合，激励师生努力获取成功，在教育教学实践中有效提升学校的办学品质。

# "三环灵动课堂"在高中思想政治教学中的应用

## 一、研究的意义

### （一）研究背景
基于对品质课堂的理想追求。

### （二）课题的应用价值（解决的主要问题）
基于"新质量"时代学校转型升级的需要。

综观笔者所在学校近几年的办学轨迹，特别是近三年的办学轨迹，是一条快速奔跑的轨迹，是一条高位发展的轨迹：一本上线率从2012年的8%到2018年的57%。

**1. 困惑之一：部分课堂低效乃至无效**

一方面，学校教师队伍年龄偏大（平均年龄44岁），结构性失衡，8年未进新毕业生，教师队伍的职业倦怠感日益膨胀。

**2. 困惑之二：工作室跟岗学员的专业发展状态**

### （三）学术价值

在国内，学术界以现代教学理论、心理学理论等为依据，侧重研究有效教学相关理论，大部分研究者从有效教学的要素、教师行为、教学策略等展开研究。研究成果突出"有效"二字，而在"教材的整合方向和不同课型的高效教学策略方向"的研究成果不多，大都处于研究状态。因此，本课题的研究尚有较多的突破空间。

在课堂教学实践中，笔者拟探索"三环灵动课堂"在高中思想政治教学中的实践与应用，通过"设疑—探疑—质疑再探，升格训练"这三个环节，凝练高中政治不同模块、不同课型的教学模式，不断反思，努力践行核心素养背景下的高效课堂。课题组拟开发的课例是在专家的引领下，基于笔者及团队的一线实践经验与反思，实操性强、针对性强，相信不仅适合在读师范生阅览，也适合青年教师及未形成自己教学风格的教师在课堂实践中学习借鉴，对教师的专业提升有较好的引领作用。

## 二、课题研究设计报告

本项目的总体框架和基本内容、拟达到的目标（阶段性目标及总体目标）。

### （一）核心概念的界定

#### 1. 对"三环"的界定

本课题中的"三环"是指教师在课堂教学过程中通过聚焦课堂讨论的核心话题（设疑），择机悬疑、精准点拨（探疑）、质疑再探（升格训练，练中悟，悟中练）这三个环环相扣的环节，克服课堂教学中存在的弊端，避免课堂教学的随意性，让课堂教学结构走向科学化、合理化、有序化。

#### 2. 对"灵动课堂"的界定

本课题中的"灵动课堂"是指教师要基于学情，动态把握课堂操作策略，充分发挥学科育人的功能。"灵动课堂"的内涵包括以下四方面内容：一是教学模式方向：针对高中不同层次生源、不同学段、不同课型，灵活采用"三环"教学模式；二是分析、整合教材方向：针对高中思想政治学科的四个必修模块（经济生活、政治生活、生活与哲学、文化生活），基于"三环"背景下，灵活分析、整合教材内容，构建知识框架；三是教学手段方向：基于核心素养与"三环"背景下，灵活筛选、运用教学手段，激发学生的学习内驱力，培养学生的思辨能力、逻辑推理能力及知识建构能力；四是评价体系方向："三环"背景下，基于高考改革、基于学科测评体系与命题框架的改革，灵活、多元的过程性评价与终结性评价（含教师的评价、学生的评价）相结合。

### （二）参考文献（支撑性理论）

#### 1. 皮亚杰的"认知学习"理论

瑞士心理学家皮亚杰认为："人对外界的认识之最初的中介就是活动。"

**2. 马斯洛和罗杰斯的人本主义学习理论**

人本主义学习理论认为：学习是个人潜能的充分发展，是人格的发展，是自我的发展，它以学生为主体、以老师为主导，诱发学生自主合作、主动求知。

**3. 布鲁克斯的"建构主义"理论**

"建构主义"理论认为学生务必主动"投入学习"，死记硬背的知识是"无用知识"；学生务必在情境脉络下与问题互动才能真正理解；学生务必用心建构良好的学习环境，透过内在对话与思考过程，与他人互动，来理解脉络与解决问题。

**4. 新课程标准的"学习要有情景"理论**

高中思想政治是培养学生探究世界的方法，这些方法的形成是基于具体情景下对具体问题探究时总结和归纳出来的，学生要理解这些方法的特点和作用，并学会也必须通过在具体情景下去解决实际问题来实现，更需要发现问题的能力和解决问题的技巧。因此，要注重学生的实践，要有探究过程，要进行问题式、项目式、任务式教学。

**（三）课题的总体框架和基本内容、拟达到的目标（阶段性目标及总体目标）**

**1. 总体目标**

（1）探索核心素养与高考学科测评体系改革背景下，如何打造高品质课堂。

（2）探索"'三环灵动课堂'在高中思想政治教学中实践与应用"可操方案。

（3）探索集教学、教研、培训一体化的高中政治教师二次专业成长的校本培训模式。

**2. 拟达到的目标**

（1）探索"三环灵动课堂"之教学模式。

① 基于"三环灵动课堂"背景下，四个必修模块（"经济生活""政治生活""生活与哲学""文化生活"）的新授课操作模式。

② 基于"三环灵动课堂"背景下，"活动型教学""议题式教学"等任务式驱动的课堂教学模式。

③ 基于"三环灵动课堂"背景下，高三备考"递进式复习"及考前"升

格训练"的课堂教学模式。

（2）探索"三环灵动课堂"之教材内容分析与整合（含教学设计、资料优化）。

① 基于"三环灵动课堂"背景下，新授课教材内容分析与整合的一般路径。

② 基于"三环灵动课堂"背景下，"活动型教学""议题式教学"教材内容分析与整合的技巧。

③ 基于"三环灵动课堂"背景下，"热点时政专题教学"教材内容分析与整合的策略。

（3）探索"三环灵动课堂"之教学手段。

① 基于"三环灵动课堂"背景下，如何合理设计及使用多媒体辅助课件加大教学信息量，同时适当采用视频、声音、链接等效果，突出重点、疏通难点。

② 基于"三环灵动课堂"背景下，根据课堂教学目标和教学内容的需要，设置实际案例，让学生在真实的问题情景中积极思考、主动探索，透过师生、生生之间双向和多向互动，培养学生的思辨能力、逻辑推理能力及知识整合能力。

③ 以"议题"的形式，将教学内容设计成一个或多个具体"议题"，通过任务驱动"设疑—探疑—质疑再探，升格训练"这环环相扣的三个环节，让学生在学与做中建构真正属于自己的知识框架。

（4）探索"三环灵动课堂"之教学评价（教与学的反馈）。

① 基于"三环灵动课堂"背景下的自评与他评（管理者、教师、学生、家长共同参与）。

② 基于"三环灵动课堂"背景下的教师评价与学生评价（过程性评价与终结性评价）。

③ 基于"三环灵动课堂"背景下的诊断性评价（课前）、形成性评价（课中）与终结性评价（课后）。

（5）其他方面。

① 根据不同学段、不同课型的特点，探索既适合本校生源特点又彰显教师个性化教学风格的课堂操作路径，打造高效课堂，提高学生的学科素养，推动高效学习。

② 开展不同层次学生学习能力培养的研究（含拔尖学生、临界生及学

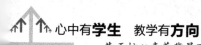
困生）。

③开发符合本校实际的高中政治学科校本课程，并编写校本教材。

④开展高中学段男生与女生学习差异辅导策略研究。

⑤开展艺术类学生政治学科成绩短期提升策略研究。

## 三、拟解决的关键问题及主要创新之处

### （一）拟突破的重点

（1）在课堂操作策略上，提倡教师开展深耕式教研，精细备课，优化教学设计，克服课堂教学面面俱到，老师是"话霸"，我讲你听的"满堂灌"弊端。

教师通过设计不多于3个课堂讨论的核心话题，规避无效提问或浅表性讨论。教师每节课围绕课标的必备知识与关键能力，巧妙设计3个自主探究的话题，学生围绕核心话题自主学习、合作探究，时间控制在15分钟左右。同时，学生在3个核心话题导引下，敢质疑、有感悟，在辩中学、学中悟，让答案在动态中生成，教师要默许课堂的不完美。

（2）引导教师微创新、碎步走，努力做到"用教材"，而不是"教教材"，高度关注教材的分析与整合。

教师用约10分钟择机悬疑，高效引领，精准点拨。教师要坚决摒弃抢占课堂话语权，我讲你听的"满堂灌"，也反对浅表的"一问一答"式师生互动。要追求积极的生生互动、师生互动，并及时纠错，达到"双主体"联动与"兵强兵"的效果；还通过搭建平台，师生"分享成果"，让教师在聆听中适时追问，择机悬疑，精准点拨。

（3）引导教师探索"活动型教学""议题式教学"等任务驱动式课型，培养学生关注社会生活的真实情景，并能运用所学知识认识问题、分析问题及解决问题的能力。

任何一种素养的提升都离不开有"质"有"量"的实操训练、及时纠错与及时反馈。大凡高品质课堂，教师都会高度重视每节课的当堂训练，通过创设新颖情景，建构知识体系，培育学生的思辨能力、逻辑推理能力及知识整合能力。"三环灵动课堂"拟通过创设新颖情景，安排约10分钟当堂训练，让学生练中悟，悟中练。

此外，高度关注知识框架的建构。教师依据教学内容的难易度，精心设计出"思维导图"或"基础性、针对性、拓展性"的阶梯式练习，可以是书面或口头的；个体或是群体的，倡导"教师红笔进课堂"或依托大数据，即时反馈学情，厘清思路。余下3～5分钟整理知识框架。

### （二）主要创新之处

（1）充分发挥学生的主体作用，把课堂的时间真正还给学生，培养学生独立的思辨能力、整合知识能力，以及在新情景下应用知识，分析解决问题的能力。

（2）让教师有效管理课堂时间，做一位出彩的"时间会计师"。

（3）在重视基础性、综合性、应用性的基础上，着重培养学生的逻辑推理能力、知识建构能力。

### （三）完成课题的可行性分析

#### 1. 基于高端的引领

2017年3月，基于区名师办的顶层设计，在课改专家的指导下，本课题作为工作室的研究标识，已启动初始研究，在区名师办备案，并先后在核心期刊、国家一级期刊及省级期刊发表了3篇论文。

#### 2. 基于省名师工作室搭建的高端平台与专业素养过硬的团队

课题主持人是某高中主管教学的副校长、中学高级教师、广东省特级教师、广东省名师工作室主持人、华南师范大学硕士研究生兼职导师。

从课题组人员看：本课题组成员既有公办的精品高中代表，也有民办的特色高中代表；有资深的名师，也有工作年限较短的年轻老师，参照样本多样化。

## 四、研究思路与方法（本课题研究的技术路线、方法和计划）

### （一）研究思路

#### 1. 课题调研

做好研究课题的准备。研究要服务于教师的校本进修，并在此基础上创建学习型教研组。

#### 2. 课题研究领域

课堂教学改革要基于核心素养与高考改革背景，对基础教育领域进行反思。要利用专家引领、网络、教师论坛、跨区域交流研讨等方式对各类教师进行分层次、菜单式的培训，以促进不同层次教师均能取得发展，从而大面积地提高教师的知识素养与理论素养。

**3. 课题的实施**

课题要服务于课堂教学要素的分析，从校情出发，根据不同年级、不同课型采取分层次、分内容展开探究。

**4. 课题的研究过程**

注意收集、提炼不同样本的实验案例。

**（二）研究阶段**

**1. 启动阶段：申报、开题（2019.3～2019.5）**

（1）收集有关资料，充分调查研究，广集民智，从校本出发，酝酿确定研究对象。

（2）成立课题工作小组，具体负责组织、落实研究工作的分工。

（3）确定研究内容，制订并完善研究计划。

（4）充分利用校园网、电子屏幕、板报栏、政治科组全员培训等方式，广泛动员，为课题研究的开展奠定厚实的群众基础。

**2. 实验阶段（2019.6～2020.7）**

（1）课题组成员从实际出发，依照方案的方法、原则，分步落实研究计划和实施方案。

（2）积极开展与名校名师"同课异构""走近大师"及跨区域交流研讨活动，定期邀请一些知名专家来校为全体师生讲学；聘请高校资深教授为顾问，为课题研究指点迷津，让课题研究工作更具前瞻性、科学性和系统性。

（3）课题组定期召开会议，研究解决实际操作中存在的各种问题。

（4）课题小组做好实验研究中形成的文字、图片、数据等档案资料的收集、整理工作。

**3. 深化实验推广阶段（2020.8～2020.10）**

（1）成员根据第一阶段实验情况并结合实际，重新调整实验内容或深化上一阶段研究主题。

（2）课题主要负责人要创造条件，组织组员外出参观学习与交流。

（3）各人对照试验方案进行自我检查、自我反馈，小结实验中的得与失，形成阶段性实验报告。

（4）课题小组完成"科研课题阶段性研究报告"，并根据具体情况确定课题研究的走向。

（5）各组员做好观察写实记录，积累资料，撰写实验个案，争取在各类刊物上发表或结集出版成果集。

（6）有效利用各种宣传手段，提高课题实验的普惠性、知名度和辐射力。

**4. 总结阶段（2020.11 ~ 2021.3）**

（1）在专家指导下，开始系统整理实验成果，为结题做好充分准备。

（2）各人撰写实验总结报告，提交实验论文。

（3）课题小组整理各人的档案资料，做好立卷归宗工作。

（4）课题主持人向主管部门提交"'三环灵动课堂'在高中思想政治教学中的应用"实验报告，迎接考评。

**（三）研究方法**

**1. 观察法**

通过听课、座谈、问卷等手段，运用现代信息技术平台和现代电教手段，对研究对象的教学行为、学习行为进行有目的、有计划的系统观察，积累原始材料，并加以理性分析与研究，搞清楚目前高中思想政治课堂教学现状，找出影响课堂效率提升的症结所在。

**2. 行动研究法（培训学习）**

由于地区的差异、办学理念的多元化及各校校长建构学校的发展愿景不同，我们不能照搬别人的经验。基于此，我校一方面通过外出参加培训、学习，转变教育思想；另一方面，以解决实际问题为主要任务，让有需求的行动者参与研究，研究者参与实践，边实践边修改，"摸着石头过河"。

**3. 对比法**

通过实验前后的统考数据比对，特别是用好大数据精准定位，充分发挥大数据的导教导学作用，激发教师开展深耕式教研与学生的学习内驱力。

**4. 经验总结法**

重视原始资料的积累，及时撰写阶段性研究小结。积极参与各级教研活动，边实践边总结，遵循从实践到理论、再实践、再形成理论的认识过程。

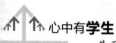 
### 五、负责人前期研究基础

包括：负责人主要工作经历及目前从事的主要工作；近三年来完成哪些重要研究课题，已发表哪些相关成果，相关成果的评价情况（引用、转载、获奖及被采纳情况）；已收集哪些相关资料；完成本课题研究的时间保证及资料设备等科研条件。

**（一）负责人主要工作经历及目前从事的主要工作**

课题主持人于1986年7月参加工作，先后担任教师、科组长及校级领导，目前是某高中主管教学的副校长、中学正高级教师、广东省特级教师、广东省名师工作室主持人、华南师范大学硕士研究生兼职导师。

**（二）近三年来完成哪些重要研究课题，已发表哪些相关成果，相关成果的评价情况（引用、转载、获奖及被采纳情况）**

近三年在深入研究老牌区直高中教师队伍建设的若干问题，在学科核心期刊发表论文2篇；在国家级、省级综合类期刊发表论文4篇，正在筹备出版个人专著。

**（三）已收集哪些相关资料**

目前已收集的资料：

（1）"核心素养背景下的高考学科测评体系改革"。

（2）教育部考试中心主任姜刚关于"今后高考将重点考查4项内容"的有关精神。

（3）"上海市高考改革与高中教育改革""上海市教师评价"及"新高考背景下选科走班制度"。

（4）"议题式教学资料""活动型教学资料""热点时政教学"等。

**（四）完成本课题研究的时间保证，资料设备等科研条件**

本人从事教学管理十多年，有丰富的管理经验；同时又是广东省名师工作室主持人、华南师范大学硕士研究生兼职导师，从研究能力、研究条件来说，条件比较成熟，有利于调动各种资源参与课题研究，提升研究的效能，扩大研究成果的辐射力。

# "三环灵动课堂"的课例研究

## 课例一：经济生活课例《征税和纳税》

### 一、导入新课

**说说税收那些事儿**

2016年6月，美国费城议会以13票赞成、4票反对的结果通过了开征"汽水税"（Soda Tax）的提案，每盎司征1.5美分，征税对象不仅限于汽水，还包括运动饮品、果汁、加糖的咖啡与茶等，由此而增加的收入用来开办学前教育、社区学校、休闲运动中心等，决定从明年1月起生效。

征税的原因：费城市民68%的成人与41%儿童超重或痴肥，通过征税，促使市民选择更健康的饮料。消息公布后，有人慨叹："只要能想象的地方就要交税，世界上只有两件事是不可避免，一是死亡；二是税收！"

### 二、教学过程

**议题一：什么叫税收？它有何特点？**

**归纳：税收的定义及其特点**

（1）从本质上看，税收是国家为实现其职能，凭借政治权力，依法取得财政收入的基本形式。

（2）有国就有税，有税必有法。

（3）名人经典语录：赋税是喂养政府的奶娘。（马克思）

**议题二：公民不纳税行吗？纳税对个人有好处吗？纳税能像购物一样打个**

折，少纳点税吗？尝试用经济生活知识阐述理由。

**归纳一**：税收的特点

税收的特点之一：具有强制性。

（1）国家凭借政治权力强制征税。

（2）纳税人必须依法纳税，税务机关必须依法征税。

（3）每个人都从税收中受益，但是不需要返还给纳税人；不需要对纳税人直接付出任何代价。

税收的特点之二：具有无偿性。

请你为税务局长支着儿，如何确保税款能无偿征收？

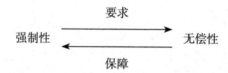

税收的特点之三：具有固定性。

国家在征税之前就以法律的形式，预先规定了征税对象和税率，不经国家有关部门批准不能随意改变。

税收具有固定性的原因：

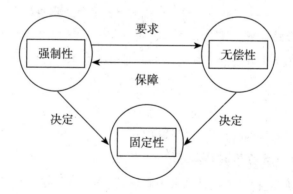

**【感悟生活】**

2016年2月15日起，我国房屋契税实施新政策由国家财政部宣布：对购买90平米及以下家庭唯一住房减按1%的税率征收契税；90平米以上减按1.5%征收契税。

有人认为："税收优惠违背了税收的固定性"，你认同该观点吗？

不认同。税收优惠是在特定条件下经国家有关部门批准实施的，并非随意改变。

**归纳二**：税收的三个基本特征及其关系

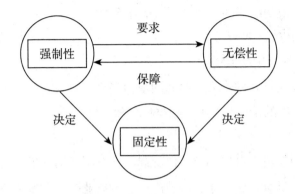

三者关系：紧密联系，不可分割，统一于税法。

近年来，"全球税负痛苦指数"曾引起公众对税收负担的热烈讨论，美国福布斯杂志推出"税负痛苦指数"榜单。按照福布斯的统计方法，中国内地的税负痛苦指数为159，名列全球第二。

有人认为，有些北欧国家，宏观税负达到50%，但由于高福利，民众对高税负并没有太多意见，我们要向北欧看齐，它们是不一样的社会主义国家！

**议题三**：探究现阶段我国的税收概况

（1）中国税种的个数：目前在我国，影响较大的税种有哪些？现实生活中存在哪些违反税法的现象？

（2）我国税收的性质。

**归纳一**：我国现阶段的税收概况

（1）我国的税种。

五大类：流转税、所得税、资源税、财产税和行为税。

影响较大：增值税、个人所得税。

（2）我国税收的性质。

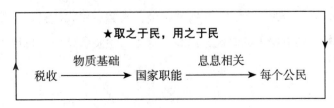

**案例**：李亮在兴业银行工作，月收入7800元。某一天，李亮与他的朋友聊天，朋友告诉他最近开了一家服装公司，公司从纺织厂买回一批布，共付款5万元，经过设计和制造服装，制成的服装价值为20万元。

请问：李亮及他朋友的公司分别缴纳什么税？

①李亮缴纳个人所得税。

②公司应该缴纳增值税。

根据我国税法：在中华人民共和国境内销售货物或者提供加工、修理修配劳务以及进口货物的单位和个人，根据增值额纳税。

【**热点链接**】

营业税改增值税。自2016年5月1日起，在全国范围内推开营业税改征增值税（称营改增）试点，建筑业、房地产业、金融业、生活服务业等全部营业税纳税人，由缴纳营业税改为缴纳增值税。

（3）增值税和个人所得税的比较。

| | 增值税 | 个人所得税 |
|---|---|---|
| 征税对象 | 生产经营中的增值额 | 个人所得额 |
| 纳税人 | 销售货物、加工、修理修配、进出口 | 在我国居住满一年，取得所得的个人；在我国居住不满一年而从我国境内取得所得的个人 |
| 税率 | 基本税率17% | 比例税率、超额累进税率 |
| 作用 | 避免重复征税，防止前一生产经营环节偷漏税；促进生产专业化，体现公平竞争；保证财政收入的稳定增长 | 国家财政收入的重要来源，也是调节个人收入分配、实现社会公平的有效手段 |

议一议：以下现象是什么行为，是否可行？

A. 我们安排会计，做两套账。一本是内部账，一本外部账，多隐瞒收入，发票尽量少开，能不开就不开。（偷税）

B. 拖，拖他几个月，来了就说没钱。（欠税）

C. 把职工名册改一下，弄一些残疾证，来骗点税收优惠。（骗税）

D. 税务人员下次来的时候，由我们保卫科负责轰走。（抗税）

（4）违反税法的行为。

| 行为 | 表现 | 手段 | 目的 |
|---|---|---|---|
| 偷税 | 伪造、变造、隐匿、擅自销毁账簿 | 欺骗隐瞒 | 不缴少缴 |
| 欠税 | 拖欠税款 | 拖延时间 | 拖欠税款 |
| 骗税 | 虚列出口货物数量、价格，虚报自然灾害 | 欺骗 | 获得税收优惠 |
| 抗税 | 威胁、围攻、殴打税务人员 | 暴力威胁 | 不纳税 |

疑误排查：偷税和骗税的主要区别。

偷税：设法隐瞒应税项目和应税收入。

骗税：骗税收优惠。

在我国，为了鼓励企业增加出口，国家规定将某些出口商品应纳的部分税额退还给生产企业。骗税集中表现在用欺骗手段获得国家出口退税。

【研学】

我们在餐馆消费时，有时没有意识到要主动索要发票，有时愿意接受餐馆"免开发票、赠送饮料"的条件。因为这个原因，国家每年都有数十亿巨额税款流失。这个数字足以让我们震惊，这些钱能救助多少失学儿童，能创办多少学校啊！请你为解决我国税收流失问题出谋划策。

归纳二：

国家：①健全相关法律法规，加大执法力度。②加强税收宣传力度，增强公民纳税人意识。

企业：守法经营，依法纳税。

公民：①树立"纳税人"意识。②自觉履行依法纳税的义务（依法纳税，从我做起）。③主动行使纳税人权利。

【走进高考】

（2015年高考课标卷Ⅱ38）阅读材料，完成下列要求。

税收是国家治理的基础和重要支柱，在社会经济生活中发挥着巨大的作用。

2014年10月，《国务院关于扶持小型微型企业健康发展的意见》提出要"认真落实已经出台的支持小型微型企业税收优惠政策"。2015年3月，国家税务总局出台十大措施确保小微企业税收优惠政策落实。数据显示，2015年一季度，全国享受企业所得税减半征收的小微企业有216万户，受惠面在90%以上，减税51亿元；享受暂免征收增值税和营业税政策的小微企业和个体工商户共有2700万户，减税189亿元。

**结合材料和所学经济知识，分析当前对小微企业实施税收优惠的理由。**

（14分）

答案：小微企业在国民经济中具有重要地位，其健康发展能吸纳就业，促进经济发展（4分）；小微企业发展面临税负较重，融资难、融资贵等困难（4分）；税收优惠可降低小微企业负担，有利于其生存与发展（3分）；引导和鼓励大众企业、万众创新（3分）。

解析：考查当前对小微企业实施税收优惠的理由，结合经济生活知识，联系材料，可从小微企业的地位、作用，以及融资问题、企业负担、政府对企业的政策等角度考虑。

名师点睛：要注意联系材料中时政热点，答题要规范用语，如保护纳税人的合法权益，非公有制经济的地位、作用，政府对待非公有制经济的政策等。

## 三、知识梳理

（1）税收的含义。

（2）税收的基本特征及其关系。

（3）我国税收的性质。

（4）依法纳税是公民的基本义务。

（5）我国的税种。

（6）违反税法的表现：偷税、欠税、骗税、抗税。

（7）树立"纳税人"意识。

## 课例二：经济生活课例《价格变动对生活消费的影响》

### 一、导入新课：感悟生活

毛衣            凉席            空调

### 二、探疑

议题一：暮春买毛衣，夏末买凉席，春秋买空调。生活中，我们往往选择在商品使用高峰期后再去购买，结合你的生活阅历，说说你的理由。

【探寻生活的奥妙】

考考你：你能否看懂这幅图？

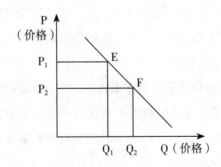

口诀：需求曲线的特点：先看纵坐标，再看横坐标。

**启示1**：商品本身价格的变动会引起需求量的变动。

一般来说：买涨不买跌。

结论：商品价格与需求量反方向变动，这就是需求法则。

想一想：生活中有没有特例——商品涨价了，人们还争相购买。为什么？试举例说明。

当下全国一线、二线城市的房地产。当消费者认为上涨商品在未来还会有上涨空间时，则会立即购买；当消费者认为降价商品在未来还会有下降的空间时，则暂时不会购买。

**买房者参观楼盘**

分析产生下列经济现象的原因（需求量变化）：

假如粮食、食盐等生活必需品价格上涨，往往不会导致消费者对其需求量的急剧减少；假如等离子电视、汽车等高档耐用品价格大幅度下降，则会导致消费者对其需求量的迅速增加。

**启示2**：不同商品价格的变动对需求量的影响是不同的。

价格变动对生活必需品需求量的影响比较小（需求量对价格的反应程度小或需求弹性小）；价格变动对高档耐用品需求量的影响比较大（需求量对价格的反应程度大或需求弹性大）。

【深度感悟】

"不同商品价格的变动对需求量的影响是不同的"，你发现以下曲线有何特点？

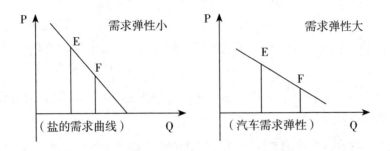

议题二：

（1）飞机票涨价了，火车票、汽车票的价格会发生怎样变化？请用"价格与需求量的关系"分析。

（2）鸡肉降价了，其他肉类会发生什么变化？试分析"价格与需求量的关系"。

**启示3**：相关商品价格变动对既定商品需求量有影响（含替代品、互补品）。

替代品：两种商品的功用相同或相近，可以满足消费者的同一需要。

互补品：两种商品为互补关系。

【小试牛刀】

下列哪些商品属于互补商品，哪些属于互为替代品？

可口可乐、相机、乒乓球、百事可乐、乒乓球拍、面包、打印机、蛋糕、墨盒、胶卷

| 互为替代品 | 可口可乐与百事可乐<br>面包与蛋糕 |
|---|---|
| 互补商品 | 乒乓球与乒乓球拍<br>打印机与墨盒<br>相机与胶卷 |

**归纳**：相关商品价格变动对既定商品需求量的影响如下：当两种商品是互为替代品时，一种商品降价（涨价）——→购买量增大（变小），会导致对另一种商品需求量减少（增加）。

**结论1**：替代品二者之间的价格与需求量同方向变化。

**议题三：**

（1）汽车降价销售，对汽油的销售有什么影响？试分析"价格与需求量的关系"。

（2）汽油价格上涨，对汽车的销售会产生什么影响？试分析"价格与需求量的关系"。

当两种商品为互补商品时，一种商品价格下降（上升），需求量增加（减少），会引起另一种商品需求量的增加（减少）。

**结论2**：互补品二者之间的价格与需求量反方向变化。

**【实战演练】**

1.（2016全国卷）互补品战略是企业利用两种商品之间的互补关系，优化产品组合，达到一定目标的经营战略。下列做法属于该战略的是：①某快餐店与饮料商合作，提供汉堡包与饮料搭配的套餐。②为降低碳排放，某运输公司将动力燃料由汽油改为天然气。③为促销增利，某企业降低其喷墨打印机价格，提高墨盒价格。④玉米价格上涨，某饲料厂在生产中减少玉米用量，增加小麦用量。

A.①②　　　　　　　　　　B.①③

C.②④　　　　　　　　　　D.③④

（参考答案：B）

2.（2016浙江卷）2016年3月，"蒜你狠""猪周期"卷土重来，本轮大蒜、猪肉价格上涨的原因可能是：

①此前相当部分种养殖户退出生产。②背后存在着炒作行为。③种养殖技术取得了重大突破。④随着收入水平提高，居民对大蒜、猪肉的需求急剧增。

A.①②　　　　　　　　　　B.③④

C.①④　　　　　　　　　　D.②③

（参考答案：A）

3.（2016上海卷）商务部统计，某重要副食品今年全年平均价格将明显高于去年，但不会暴涨。在我国，该副食品消费的弹性比较小。若不考虑其他因素，与去年相比，该副食品今年全年销售量可能：

A. 有所减少                    B. 大幅下降

C. 持续增长                    D. 维持不变

（参考答案：A）

4.（2013江苏卷）一般来说，一国粮食产量大幅度增加，将会导致粮食价格和需求量的变动。在下图中，可以较为准确反映这种变动的是：

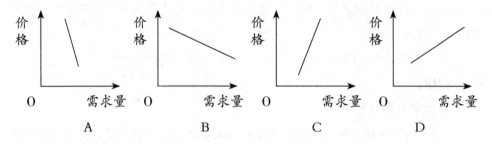

（参考答案：A）

课堂小结：价格变动对生活消费的影响。

（1）商品本身价格的变动会引起需求量的变动。

（2）不同商品的需求量对价格变动的反应程度是不同的。

（3）相关商品价格变动对既定商品需求量的影响。

# 课例三：生活与哲学课例《哲学的基本问题》

## 一、导入新课

有一次，广州法性寺（即今广州光孝寺）印宗法师在讲《涅槃经》。忽然，一阵清风吹来，佛前的旗幡随风飘动，印宗法师便向僧众发问："这是什么在动？"

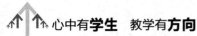

一个和尚说："那是幡在动呢！"另一个却说："不对，那不是幡动，而是风在动啊！"旁边一名叫惠能的和尚闭目平心静气地说道："不是幡动，也不是风动，分明是你们的心在动呀！"

## 二、探疑

**议题一**：从哲学层面看"整个世界"，"心动"与"幡动"反映了哪两个世界之间的关系？

教师归纳点拨分析：心动与幡动，反映了两个世界的关系：一是我们头脑中的世界（即主观世界）；另一个是我们头脑以外的世界（即客观世界，如自然界、人类社会）。

这一关系，对应的正是哲学的基本问题：思维和存在的关系问题。

**归纳：**

**1. 哲学的基本问题**

（1）哲学的基本问题即思维和存在的关系问题。简单地说，是意识和物质的关系问题。

易混易错点："思维"和"存在"相搭配；"意识"和"物质"相搭配。

【小试牛刀】

哲学的基本问题可以表述为：①意识和物质的关系问题。②思维和存在的关系问题。③物质和意识何者是本原的问题。④意识和物质的辩证关系问题。

A.①③                    B.②④

C.①②                    D.③④

（参考答案：C）

哥伦布发现了新大陆，就是现在的美洲大陆，使人们知道了世界上还有一个美洲大陆。在哥伦布发现新大陆之前，美洲大陆是否存在？是先有思维还是先有存在？

（2）哲学的基本问题包含两方面。

①哲学的基本问题的第一方面：思维和存在何者为本原的问题。

（思维和存在谁决定谁？）

↓

出现了哪些流派的纷争？

唯物主义：存在（物质）决定思维（意识）。

唯心主义：思维（意识）决定存在（物质）。

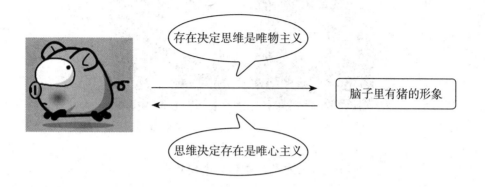

南北朝时，齐国宰相萧子良的府内，名流云集。他们信仰佛教，认为人死后精神不灭。

官员范缜挺身而出，指出："形存则神存，形谢则神灭。"精神不过是人体的一种作用，从属于形体，形体存在，则精神存在；形体消亡，则精神消失。萧子良几次组织人马与他辩论，都被他驳倒，便派人对他说："像你这样有才能的人，不怕得不到高官，为什么发表这样违背潮流的言论呢？你赶快放弃你的言论。"范缜听后，哈哈大笑说："要我'卖论求官'，那我早就是高官了。"

**议题二**：材料中的"形""神"各指什么？你认为先有"形"还是先有"神"，二者的关系应该怎样？关于先有"思维"，还是先有"存在"，古今中外，众说纷纭。

"我思故我在"：当我怀疑一切事物的存在时，我却不用怀疑我本身的思想，因为，此时我唯一可以确定的事就是我自己思想的存在。

西方理性哲学开创人：笛卡儿认为先有思维，后有存在，是唯心主义。

英国哲学家：贝克莱认为存在就是感知。

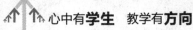

笛卡儿　　　　　　　贝克莱

### "存在就是被感知"命题的出处

一天，贝克莱和友人约翰生散步，不小心碰上了一块石头。约翰生便问："在碰到这块石头产生痛觉以前，石头是否存在？"

贝克莱回答说："即使以前我没有感知它的存在，还有别的人感知它的存在。即使人人都没有感知它的存在，也还有一个全知、全能、全善的无限精神，即上帝感知它的存在。"

### 庄周梦蝶

有一次，庄子梦见自己变成了一只蝴蝶，醒来后提出了一个著名的论题：

"究竟是刚才庄子梦见了蝴蝶，还是现在蝴蝶梦见自己变成了庄子？"

从生活经验看，不管我们梦见了什么，梦终归是梦，梦醒后我们就回到了现实生活。

但哲学家的困惑是：你怎么知道前者是梦，后者不是梦？你凭什么来区别这是梦境还是现实生活？

换言之：思维能否正确认识存在的问题？

②哲学的基本问题的第二方面。

思维和存在有没有同一性的问题，即思维能否正确认识存在的问题。哲学史上出现了哪些流派的纷争？

可知论：思维能够正确认识存在。

不可知论：否认认识世界的可能性，或者否认彻底认识世界的可能性。

### 走进哲学，问辩人生

有一天，庄子和他的朋友惠施一起散步，走到一座桥上，看见桥下有很多鱼游来游去，穿梭嬉戏，自由自在，于是庄子说："你看，鱼是多么快乐呀！"

惠施说："你不是鱼，怎么知道鱼很快乐？"

庄子反问："你不是我，怎么知道我不知道鱼的快乐呢？"

惠施说："我不是你，固然不知道你的感觉如何；可是你也不是鱼啊，你怎么知道鱼快不快乐呢？"

按照惠施的说法，不是鱼就不知道鱼的快乐，那么，我们不是物本身，就不知道物的道理了，由此类推，世界上就没有我们可以认识的东西了。

**议题三**：为什么说思维和存在的关系问题是哲学的基本问题？

### 笑海翻波之傻儿子

从前，有一个秀才，他有一个傻儿子。

有一天，朋友要来拜访他。为了显示自己的才能，秀才决定让儿子招待客人，还特意教给他几句话："如果客人问你咱们家的桃树怎么没了，你就说'让我砍了卖了'；如果他问你咱们家的篱笆为什么这么乱，你就说'兵荒马乱糟蹋了'，如果他问你咱们家钱怎么这么多，你就说'爹妈辛苦挣的'；如果他问你怎么这么聪明，你就说'那当然，我们家世代如此'。"

于是，儿子去招待客人了……

客人问："你的父亲呢？"

——"让我砍了卖了！"

"你的母亲呢？"

——"兵荒马乱糟蹋了！"

"你们家门前的牛粪怎么这么多呀？"

——"爹妈辛辛苦苦挣的！"

客人生气地问："你怎么这样说！"

——"那当然，我们家世代如此！"

你从这则笑话中悟到了什么哲学道理？

**启示**：在实际生活中，我们都会面对思维与存在的关系问题。

学生：学习计划与学习实际之间的关系。

教师：教学计划与教学实际之间的关系。

学校：学校管理模式与学生实际之间的关系。

农民：耕作计划与实际收获之间的关系。

工人：工作的方法、步骤与实际操作的关系。

医生：处方与病情的关系。

**归纳**：为什么思维和存在的关系问题是哲学的基本问题？

（1）思维和存在的关系问题，是人们在生活和实践中首先要遇到和无法回避的基本问题。

对个人来说，在认识世界和改造世界的过程中，要不断地处理好自己与自然界的关系，自己与社会的关系。

（2）思维和存在的关系问题，是一切哲学首先要回答和无法回避的问题。

思维和存在究竟哪个是本原？思维与存在究竟谁决定谁？回答不同，哲学的性质和方向就不同；对其他哲学问题的回答也会不同。

**小结**

哲学基本问题（思维和存在的关系问题）
- 是什么（思维和存在的关系问题）
  - 1. 何者为第一性（唯物主义、唯心主义）
  - 2. 有无同一性（可知论、不可知论）
- 为什么
  - 1. 是人们在生活和实践中首先要遇到和无法回避的基本问题
  - 2. 是一切哲学都不能回避的、必须回答的问题

**【学以致用】**

1. 我们在实际工作中，都会面对处理工作计划与工作实际的关系，这在哲学上就是处理（　　　）。

A. 唯物主义和唯心主义的关系　　　B. 思维和存在的关系

C. 个人与社会的关系　　　D. 个人与他人的关系

答案：B

2. 划分唯物主义和唯心主义的标准是（　　）。

A. 是否承认意识能否正确反映物质

B. 是否承认存在决定思维

C. 承认世界是可以认识的

D. 是否承认物质和意识的辩证关系

答案：B

3. "世界上没有不可认识的事物，只有尚未被认识的事物。"这种观点属于（　　）。

A. 怀疑论　　　　　　　　B. 可知论

C. 不可知论　　　　　　　D. 唯心主义

答案：B

# "三环灵动课堂"的教材整合策略

## 巧用"学科专业与时政关键词"，
## 打通政治学科知识内在联系
### ——以《政治生活》与《文化生活》为例

核心素养背景下的新课程改革的显著特点是通过科学的顶层设计，结合学校的办学特色，构建个性化的课程体系，并实行"一标多本"。

在新课程标准下，思想政治教材是最基本的课程资料，但绝不是唯一的资源。如何处理好思想政治课程标准与教材的关系，让学科核心素养落地？基于多年的教育教学实践，笔者通过巧妙调用"学科专业关键词"，培养学生对知识把握的基础性、系统性并使其具备较强的逻辑推理能力。

**示例1：公民与政府是和谐统一的关系**

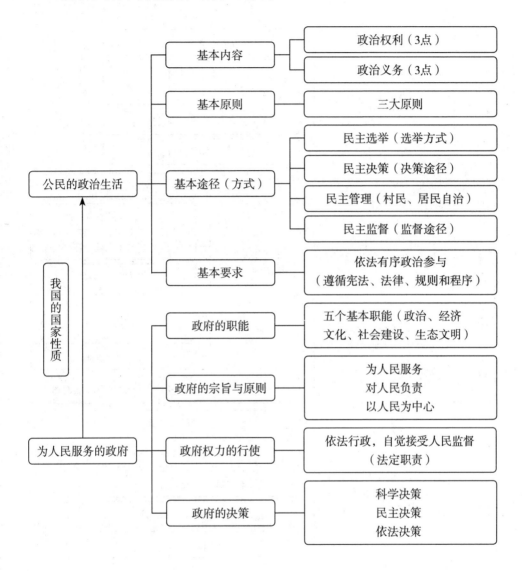

**示例2**：社会主义民主政治与政治制度

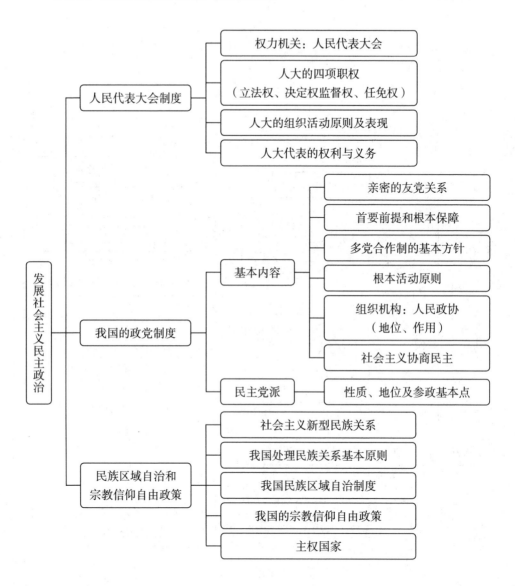

**示例3：当代国际社会与大国外交**

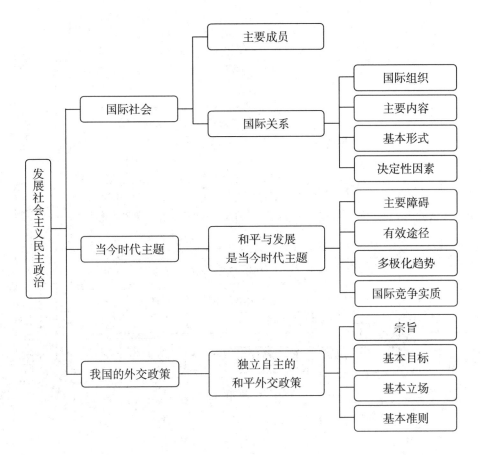

**示例4**：文化的作用与发展

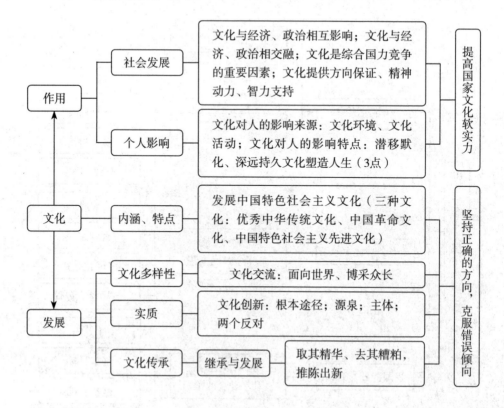

# 2

第二章

实践感悟之教师篇

# 好课，因民主而精彩

实施新课程改革以来，在新的教育理念引领下，教师的专业化发展进入了快车道，课堂教学更是发生了根本的变化。然而，在以班级授课制为主要形式的课堂教学领域，如何去评价一节课？什么样的课才算是一节好课？有专家学者认为：这种追问几乎是一种徒劳，因为着眼点太多，课堂组成要素十分复杂，甚至不可言说，因而，难以确定一个细致、量化的评价标准。

事实上，"一节好课"这个话题看起来有点"复杂"，但大量教育教学实践表明：实践者可以从"错综复杂"的现象中找出一些共性的东西来，比如好课要"民主"。

这里所说的"民主"不是随意的"放羊"，学生说到哪里，教师就跟到哪里。在课堂操作实践中，课堂上学生的思维往往与教师的预设是有差距的，有时甚至是出乎意料的，学生会随时爆发很多出乎意料的问题和点子，这就要求教师抛开预设教案，发挥教育"机智"，通过师生互动、生生互动，兵教兵、兵强兵，动态生成课堂，这也许就是我们平常所说的教师需要"教学智慧与教学机智"吧！下面，就我亲历的一件事，谈谈我的一些思考。

某天下午课间休息时，伴随着轻松愉快的音乐，我走进了高一（19）班的课室，打开手提电脑准备调出上课用的课件，只见一位男同学急匆匆地跑到我的面前说："老师，您手提电脑桌面上有一个文件叫《12岁神童》，这是怎么一回事？"我说："是介绍咱们学校龚民同学曲折而神奇的成长经历的录像片，可惜的是，因为老师下载的技术不过硬，打不开界面，不能播放啦。"

"老师，让我来试试！"只见他利索地移动着鼠标操作起来，一转眼，投影幕上就出现了中央电视台记者采访小龚民的画面……

没有人呼喊，也没有人宣传，转眼间，站在课室外嬉戏的、在座位上闭目养神的、闲聊的、去卫生间方便的同学闻风而至，刚才还闹哄哄的走廊一下子安静下来了。同学们都回到了课室，有站着的，有坐着的，有勾肩搭背的……都全神贯注地盯住投影幕。当时我心里想：离上课还有6分钟，就让他们看一会儿录像，轻松轻松，缓解一下紧张的学习压力也是一件好事。

时间在不知不觉中流逝。"铃、铃、铃"，传来了上课的预备钟声。

"同学们，今天就看到这儿，大家拿出课本，准备上课。"没有人回应。

"我再给你们5分钟时间"。

"好的！"

一眨眼的工夫，5分钟就过去了。

"今天上课的内容较多，时间紧，日后有时间老师再放给你们看。"

"老师，我们真的很想看下去！"

我环视课室一周，五十多双亮晶晶的眼睛透出一道道充满期待的灵光。

"同学们，老师不能按时完成教学任务就是教学事故！"

"老师，我们一定能做到最好！"我再没有勇气拒绝他们。

录像总算播放完毕，这时离正式上课铃声打响已过了12分钟。不用我多费唇舌，他们自觉而超快速地准备好了所需的学习用具。我仔细地观察，以往爱开小差的、爱说悄悄话的，或者是坐姿不端正的人不见了，我满眼的笑靥如花！

接下来，我明显感觉到这课比以往任何时候都上得流畅，节奏把握得很好，也没有因为课前播放了12分钟的录像而完成不了教学目标。

课后，我在反思：教师上课面对的是一个个鲜活的生命，学生学习的心理状态如何，直接影响到学习的内驱力与学习效果。教学中，有时会出现"教师精心准备的课，教下来效果不好"的现象，有的教师归因于"学生不配合"。其实，任何一次教学的不成功，首先要从教师自身找原因，因为只有顶层设计合理，推进流程才会顺畅。教师备课要"备学生"，其中怎样在课堂对学生的学习状态进行合理调适，是教师重点备课的内容之一。

总之，课堂上，教师能否通过民主、有效的对话激发学生饱满的学习情绪，是教师教学能力高低的重要标志，更是高效课堂的有力见证！

# 关注"三个整合"，重组教学内容

高中思想政治以立德树人为根本任务，以培育社会主义核心价值观为根本目的，是帮助学生树立正确的政治方向，提高思想政治学科核心素养，增强社会理解和参与能力的综合性、活动型学科课程。可以说思想政治课是一门具有很强生活气息和与时俱进的学科。因此，要打造高效课堂，取得良好的教学效果，不能局限于仅学习课本知识，更重要的是在教学中整合生活素材、典型试题、时政热点等资源，通过科学、有序的"三个整合"，以达到优化课程内容结构的目的，进而培育学生政治学科的核心素养。为此，近些年笔者做了一些尝试。以"三个整合"为抓手，积极开展课堂教学改革，取得了令人满意的教学效果。现结合教学实践谈一谈体会，期望和各位同仁相互交流与学习。

## 一、整合生活素材，激活教学内容

建构主义理论认为，学习者走进教室时并不是一张白纸，而是已经在日常的生活、学习和交往活动中，逐步形成了对各种现象的理解和看法。学生最易于接受和认同与自己生活经验和生活情境相似的课程内容，因此，教师为了激发学生的参与热情和兴趣，必须科学、合理地整合生活素材，进而激活教学内容。

### 1. 创设生活情境，串联教学内容

在进行高中政治必修一《经济生活》第三课第一框《多彩的消费》学习时，因为学生本身都是消费者，对生活中的日常消费较为熟悉，故此，笔者设计了以下导入方式。

师："同学们，大家在学校辛苦了一周，有没有利用周末时间陪同父母去买东西？都买了哪些商品？"

生（立刻兴奋起来）："我们去购物了，买了零食、水果、肉类、文具、衣服、车……"

紧接着，老师让五名学生走上讲台用粉笔在黑板上写出自己购买商品的名称，再引导学生通过预习的课本知识，按"生存资料消费""发展资料消费"和"享受资料消费"对这些商品进行分类。这样，教师既能够更好地检验学生对课本知识的预习情况，也可以让他们运用课本知识去辨别生活中的各类消费品分别属于"生存资料消费""发展资料消费""享受资料消费"中的哪种，进而达到培养他们对课本知识的理解、调动、运用能力，完成新课标所要求的能力目标。

师："什么是消费结构？什么是恩格尔系数？在家庭消费中，三种资料消费在总消费中所占比重的不同与消费水平有什么关系？"

生（学生经过讨论）："消费结构是反映人们各类消费支出在消费总支出中所占的比重；恩格尔系数是食品支出在总支出中所占的比重，恩格尔系数降低，通常表明人们生活水平提高，消费结构得以改善。"

师："黑板上的这些消费品，按消费方式划分，分别属于哪种消费？日常消费都受哪些因素的影响？"

生："贷款消费、租赁消费。对于车、房子等大宗商品一般都属于贷款消费，一些不常用的商品，可以进行租赁消费。影响消费的根本因素是经济发展水平，还受收入水平（包括当前可支配收入、未来收入预期、人们收入差距），消费心理、消费观念等影响。"

在学生经过讨论，回答完上述问题后，教师继续引导学生从影响消费的因素进一步推出扩大内需必须做到的几点：①大力发展生产力，保持经济的健康持续发展；②努力提高居民收入；③加强和完善社会保障体系；④改革收入分配制度，整顿和规范收入秩序；⑤培养健康的消费心理，践行正确的消费原则。这样既可以培养学生经济的逻辑推理能力，也可以为下一框的内容做好铺垫工作，同时也让学生更好地理解第七课的收入分配制度。

通过植入一幕幕熟悉的生活情境，设计出一系列生活中的问题与课堂所学相联系，不仅可以极高地调动学生广泛参与的热情，引起他们的兴趣，更重要的是可以培养他们通过生活情境去内化与调动课本内容，分析现实生活中的问题，并解决问题。这样设置与学生生活密切相关的生活化情境，既可以激活课

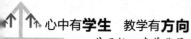

堂，让晦涩难懂的理论知识变得更加具有生活气息，又能一步一步地培养学生应该具备的课标要求的核心能力，进而落实政治学科的核心素养。

**2. 挖掘生活案例，活化教学内容**

高中政治必修四《生活与哲学》中的一些教学内容比较晦涩、抽象，对于思维能力正在形成期的高中生来说，往往难以达到编者的思维高度，理解上往往容易出现偏差。因此，如何深入浅出、通俗易懂地进行模块知识的解读就显得尤为重要。笔者结合《生活与哲学》第十一课第一框的教学内容，做出了以下探索。

国家全面实施"二胎"政策以后，街头巷尾都在讨论"生还是不生"的问题。为此，笔者在课堂上抛出了一个关于"生二胎"的案例：从"你希望有一个弟弟或者妹妹吗"这一问题展开讨论，进而引导学生思考"从计划生育、单独二胎到全面二胎政策变化的原因，以及二胎政策属于经济基础还是上层建筑"，这样就把深奥的哲理与生活中的案例对接起来，让学生通俗易懂地理解本节课的内容，达到活化教学内容的目的。同时，笔者还利用学生熟悉的话题，通过身临其境的角色感、好奇心的驱使来调动学生积极参与，一堂课下来就是一场思维火花的碰撞与激发，真正实现了生活性、时代性与实效性的完美结合。

## 二、整合典型试题，培育核心素养

《普通高中思想政治课程标准》（2017版）提出："高中思想政治课程关注思想政治学科核心素养的培育，着眼于学生的真实生活和长远发展，使理论观点和生活经验有机结合，让学生在社会实践活动的历练中、在自主辨析的思考中感悟真理的力量，自觉践行社会主义核心价值观。同时，也将高中思想政治学科的核心素养分为：政治认同、科学精神、法治意识、公共参与。"不少专家把核心素养的建设界定为新一轮的课程改革，那么伴随而生的必然是新的高考评价机制。早在2015年高考全国卷中，加强核心素养考查和教育的取向已经初现端倪；2018年高考新课标全国文综卷I、II、III的政治试题，考查核心素养的立意更加明确，以期达到以评促教的效果，促使中学政治教学要高度关注核心素养的建构与培育。为此，笔者尝试通过典型高考试题的分析，为培育学生的核心素养做出一些力所能及的探索。

法治意识是依法治国之根本，中国共产党的十九大也强调要全方位贯彻依法治国方略。为了紧扣学习宪法、尊崇宪法，扎实培养宪法意识，2018年高考文科综合全国I卷第39题，通过引导学生对宪法修改过程的分析，将必修二第三单元的知识点与党中央关于宪法修改要坚持党的领导、依法定程序推进、广泛凝聚共识等原则紧密结合，提高学生对我国社会主义民主政治伟大实践的正确认识和把握，引导学生深刻理解宪法对党和国家事业发展的重大意义，助力学生增强宪法意识，进而落实对法治意识这一政治核心素养的考查。

为了紧扣党的理论创新成果，突出把握正确政治方向，考查学生的政治认同素养，2018年文科综合全国II卷第39题，将党的理论创新成果融入命题，引导学生坚定拥护中国共产党领导，树立中国特色社会主义共同理想，增强"四个自信"。此题以党的十九大报告和新修订的党章中有关"党的领导是中国特色社会主义最本质的特征"的重大论断为材料，要求学生运用政治生活知识分析为什么要"坚持党对一切工作的领导"，引导学生领悟坚持党的领导的历史逻辑、政治逻辑、实践逻辑。

再如，文科综合全国III卷第22题以党的十九大报告中关于我国社会主要矛盾的创新性重大论断为素材，引导学生认识到我们对社会主义建设规律的认识越来越深化，改革发展实践的自觉性、创造性在不断增强。

这样通过高考这个指挥棒达到以评促教的效果，促使中学教学要高度关注核心素养的建构与培育。因此，作为政治学科老师，无论带的是毕业班还是非毕业班，在进行课堂教学时，要高效、合理地整合高考真题资源，深挖题目中有关核心素养的考查切入点，有目的、有针对性地引导学生内化素养，潜移默化地培育学生政治学科的核心素养，进而达到立德树人的教育目标。

### 三、整合时事热点，拓展课本内容

2017年10月18日，备受瞩目的中国共产党第十九次代表大会胜利召开，其中有很多新的提法和新的理念。这些引领性的文件，都是政治学科无论新课讲授还是一轮备考的重中之重，都必须给予足够的重视。笔者多年任教高三年级，因此以下内容均以一轮备考为例。教师在进行一轮备考的过程中，备课时必须融入时政热点，尤其对十九大的新理念与新精神进行深入研究，不仅研究原文，更需要将十九大的新理念与政治课本内容进行深度整合，在一轮复习时

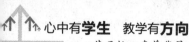
就融入十九大及重大社会热点，对课本内容进行及时、高效的拓展，体现高中政治学科的引领性与强烈的时代特点。

具体做法：首先在十九大报告的原文中研究出与课本知识相连接的部分；接着将这部分内容在网上查找权威解读，再对材料进行结构化、情景化处理；最后以材料主观题的形式来进行逻辑思维训练。以此类推，也可以进行选择题的原创与训练，当然，还可以在高考资源网或者学科网等比较权威的网站下载质量较高的关于十九大的原创试题进行强化训练或者变式训练。

依据每年高考试题大多以热点为背景材料的特点，教师在进行备考时，不仅要关注十九大，本年度内的其余热点也要一并关注，如宪法修改、党章的修改、"一带一路"等。可将这些热点作为复习课的情境资料，引导学生对热点进行分析，并在热点与课本知识之间进行搭桥，开展反复训练，这样既可以提高学生获取与解读信息的能力，也可以训练他们运用和迁移课本知识分析问题、解决问题的能力，进一步落实新课程标准要求的关键能力的培养。

总之，在实际教学中，如果就教材教教材、就知识教知识，只会导致学生死读书、读死书，不利于学生掌握必备知识、培养关键能力及核心素养的提升。要取得满意的教学效果，不仅要学习课本知识，更重要的是要善于整合生活素材、典型试题、时政热点、拓展教材，紧跟时代，才能更好地体现思想政治学科鲜明的时代特色，才能符合新一轮课程改革对学生素养提升的要求，做一位出彩的现代政治教师！

**参考文献**

［1］中华人民共和国教育部.普通高中思想政治课程标准［M］.北京：人民教育出版社，2017.

［2］吴建.生活主题：课程价值的本色回归［J］.中学政治教学参考，2016（6）.

［3］贡军荣.例谈高考试题中的核心素养考查［J］.中学政治教学参考，2016（7）.

# 情境教学法在高中政治教学中的实践与应用

随着新课程改革的深入推进，情境教学的应用也越来越广泛，特别是高中政治学科，课本内容是党和国家大政方针的风向标，不仅理论性强、概括性高，而且对学生的实际识记能力要求比其他学科高。但从学生现有的认知水平来看，难以达到编者的思维高度，尤其是《生活与哲学》模块，哲学原理种类多，专业名词抽象，教师能否合理创设教学情境是打造高效课堂的关键。如果教师能根据教学内容巧妙设计情境，把抽象的哲学原理以贴近社会、贴近生活、贴近学生的方式呈现，让学生置身于新颖的复杂情境当中，如闻其声，如见其人，那么必能使教学通俗易懂，深入浅出。

## 一、高中政治课情境教学的现状

### 1. 缺乏目的性，失去其意义

教学情境的创设并不是仅仅为了让课堂变得热闹、好玩而设，而是要有明确的教学目标，这样既能激发学生的学习潜能，又能提高学生对知识的理解与迁移。由于应试教育的冲击，高中生最终面对的是高考，学习任务重，特别是对于高三文科生来说，政治科学习更是文科综合抢分的重头戏。备考期间老师会倾向于背诵知识的重要性，忽视逻辑推理能力的培养，课堂上设计的教学情境并没有很强的目的性，通常老师只是选取一些新的情境吸引学生的眼球，调节课堂气氛，让学生在枯燥而紧张的学习氛围中打破沉闷的僵局，并没有真正达到通过创设新颖的复杂情境让学生把握知识的教学效果，而是纯粹变成了调节学生紧张学习情绪的调料。

### 2. PPT眼花缭乱，低效乃至无效

出彩的教学情境可以点燃学生的学习激情，提高学生对课堂的参与度。

在情境教学中，多媒体是一种不可缺少的辅助工具。但有些老师课堂上只依赖多媒体，不停地展播PPT，让人眼花缭乱，而学生参与质疑、激辩的机会却不多，慢慢地，学生在PPT的滚动播放中熄灭了学习的热情。

## 二、教学情境的创设策略

### 1. 让学生参与情境创设，拓展思维长度与广度

学习过程中，老师的角色是引导者，学生是学习的主体，教师不要包揽一切，课堂上更应把时间还给学生，放手让学生参与到情境的创设中来，给学生预留更大的思维空间，让学生主动探究。例如，学习《中华文化源远流长、博大精深》这一框题，可以这样设定情境：以中华上下五千年的历史为载体，文化渊源部分用文字体现，老师借助多媒体播放文字演变的历程，让学生模仿并参与到文字的演变当中，同时让学生思考文字演变的现代意义。这样，使学生主动参与情境创设，深化对中华文化源远流长的认识，此外，还可以利用文字演变辅助强化学生对知识点的记忆。

### 2. 情景创设形式多样化

在多媒体辅助情境创设的前提下，创设的形式要多样化。因为多媒体可以把文字材料、视频动画、生活场景配上音乐等同时呈现，多彩的视觉盛宴可以点燃学生的学习激情，教师在教学过程中也会轻松愉悦。例如，学习《正确行使消费者的权利》这一框题，可以通过播放视频"3·15"街头采访的片段来吸引学生的注意力，同时在网上搜集违反消费者权益法的典型新闻案例、视频等，让学生评析视频中的各种社会现象。高中生独立思考能力较强，且有独自消费的经历，因而让学生把自身的消费观与社会生活相结合，有利于深度学习知识、把握知识。此外，还可以让学生分享假如遇到情境中的类似问题该怎么处理等，学生五花八门的答案出来后，老师再结合视频内容加以讲解与点拨，这样的教学才轻盈、愉悦，学生对知识的理解也更透彻，同时还培养了学生的思辨能力，让学生懂得作为消费者所拥有的权利与应履行的义务。

### 3. 积极投身于社会实践，品味真实的生活场景

生活即教育，在高中政治教学中，为了让学生更好地理解知识，老师要充分利用课余时间组织各种各样的社会实践活动，如志愿者活动、社区服务、学军学农、春游秋游、体验环卫工作、辅警工作等。通过丰富多彩的社会实践活

动，丰富学生的精神世界，提高学生的综合素养。

此外，还要注意把高中政治学科的知识学以致用，把情境教学法落地。在参与社会实践活动中，遇到的问题多种多样，这就要求政治教师要增强自身的应变能力，善于把一些生活问题、社会问题转化成政治学科的教学内容，及时用课本知识为学生授业解惑。例如，学习《文化的继承与文化发展》这一课时，老师可以带领学生开展志愿者等公益活动，到养老院陪伴老人、打扫卫生、慰问孤寡老人，并让学生分享活动的感受，思考一下，哪些活动环节有利于推动优秀中华文化的传承与发展？这样，让学生在加深对课本知识理解的同时，提高学生的学科素养，把立德树人落到实处。

总之，高中政治相对其他学科而言，是一门抽象且高度概括的社会科学，情境教学的巧妙运用有助于打造高效的政治课堂，但在教学中仍然存在不少问题，这就要求教师善于把教与研相结合，转变教师观、学生观，敢于直面教学中出现的新问题，并通过教学实践有效解决。

**参考文献**

［1］徐龙梅.关于高中政治课教学情境有效创设探索［J］.高考，2017（2）.

［2］李莉.略论高中政治情境教学的误区与对策［J］.青少年日记（教育教学研究），2017（2）.

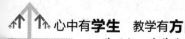
# 新课程背景下高中政治高效课堂的构建策略

高中政治是一门文学类的学科，很多高中生对于政治这门学科历来的感受就是枯燥、乏味，因此不感兴趣，对课本上的知识就是死记硬背，这无疑在很大程度上阻碍了高中政治教学质量的提高。那么怎样才能提高高中政治教学质量呢？无疑是打造高效性的政治课堂。

在有限的上课时间里让每一个学生学到更多的东西，不只是书本上的知识，更多的是思想得到教育，思想的改变永远比学到教材上的知识重要得多。教师在教学时如何合理安排时间是很重要的，即要求在有限的时间里，给每一名学生上一堂高效而又有质量的政治课。因此，如何有效地发挥思想政治课的价值，打造高效的高中政治课堂，是每一位政治老师需要考虑的问题。

政治教师应改变传统的政治教学理念，采用合理的教学方法，对学生的世界观、人生观、价值观进行正确的引导，为学生未来的发展奠定良好的思想道德素养基础。而本文则是探索如何构建高效的政治课堂。

## 一、做好课堂导入，激发学习兴趣

"兴趣是最好的老师"，有效地激发学生的学习积极性及求知欲望，这对于教师开展接下来的教学活动会是一个很好的铺垫，因此教师一开始就要把学生的学习积极性调动起来，使学生能够很好地集中注意力。学习兴趣是影响学生学习效率的重要因素，因此有效的课堂导入是很重要的。

教师在政治教学中应该通过各种方式刺激学生的学习兴趣，让学生从被动学习转变为主动学习，特别是政治这种学科，不能强行给学生灌输教材知识，要做好课堂导入。只有在课堂上多鼓励学生大胆发言，才能够使学生在有限的时间里掌握更多的知识，从而提高教学质量，提高课堂的高效性。

比如在教授有关文化方面的知识的时候，教师可以利用多媒体先让学生观看一段关于文化发展与传播的视频资料，营造良好的学习氛围，让学生对文化的发展、交融有一定的了解再进行探讨，增加课堂上的互动，方便接下来的课程教学。做好课堂导入，激发学生的学习兴趣是打造高效课堂的重要教学手段，也是高效课堂实现的重要环节。

## 二、利用多媒体资源，改变教学模式

随着时代的发展，信息技术已经融入社会的方方面面，多媒体在教学上的运用也越来越广泛。以网络多媒体技术为代表的信息教学手段，集声、光、图、色、影为一体，利用图片、声音、动画、视频等形式在较短的时间内为学生提供逼真、翔实的学习材料，让课堂不再枯燥无味。

在这种趋势下，教师适当地把政治课本上乏味的理论知识与丰富多彩的网络连接起来，能够让枯燥的政治理论知识变得有趣化和多样化，因此利用多媒体进行教学是很有效的。形式多样的教学资源能够不断冲击学生的眼球，使他们学习政治的热情变得高涨起来，增强学习政治知识的求知欲，让课堂教学质量与效率得到有效的提高。教师也可以引导学生利用网络教学平台，空闲时间在网络上自主查找与教材相关的知识内容，提高学生的自主学习性。

多媒体在政治教学上的运用也使一向呆板的政治课堂变得丰富多彩起来，不仅提高了教学效率，对于打造高效课堂也是不可或缺的。

## 三、整合学科知识，优化教学环节

"枯燥、无趣"无疑是传统政治课给高中生的第一印象，再加上教师的"满堂灌"，学生甚至在课堂表现出上昏昏欲睡的姿态，思想政治课变成了催眠课，这严重地影响了政治课堂的质量。教师不能只站在讲台上自己讲自己的，要改变传统的教学方式，从讲台上走下来，与学生进行联系和互动，让学生讨论起来，调动学生的学习积极性，充分挖掘学生的学习动力，让政治课堂活起来。填鸭式的教学在政治教育上是行不通的，政治课堂的质量关乎学生未来的身心发展，要坚持以学生为核心，促使他们主动去学习。

在45分钟的课堂上，教师不能一味地跟着教材上的知识上满堂课，这样只会让课堂变得沉闷和无趣。高中政治与之前相比，难度明显大了很多，理论知识也多了很多，并且大多数理论知识都上升到了一定的高度，不利于学生进行理解和记忆。因此，可以让学生对不懂或者难懂的知识点进行分组讨论，有效地增加学生的课堂参与度，提高学生的学习主动性和积极性，同时对一些困难的理论知识及时进行指导。

理论知识在高中政治课程中占了很大一部分，枯燥的讲授只会让学生感到沉闷，再者，老师上课只倾向于勾画重点知识，并且要求学生死记硬背，学生尽管能够很好地背诵下来，但不能做到深入理解。所以在教学环节上也要做出一定的改变，多增加一些有趣的活动，提高教学的趣味性，让高中政治课堂变得活跃起来，激发学生主动学习政治的欲望，引导学生在轻松、愉快的学习氛围中掌握政治知识。高中政治课不能成为单一的说教课，老师应该通过有效的教学手段，根据政治教材不同的内容选择不同的教学手段，不断丰富教学内容，优化教学环节。只有激发学生的学习动力，让学生自主地学习知识，才能打造高中政治的高效课堂，实现通过政治课帮助学生树立正确人生观、价值观的目的，为学生的全面发展奠定良好的思想基础。

## 四、结语

高中政治的高效课堂对于学生的高中政治教育及未来的身心健康发展来说非常重要，因此，面对政治教学，教师必须以严肃认真的态度对待，改变传统的教学模式，以学生为核心，在课堂上多提出问题，让学生进行自主的学习与讨论，努力打造出高效的高中政治课堂。

总之，在提高政治课堂高效性上激发学习兴趣是关键，改变教学方式是必要手段，但更重要的还是整合学科知识，培养学生的学科素养。

**参考文献**

[1]蔡安平.提高中学政治课堂教学实效性策略简析[J].江西教育科研，2007（11）.

[2]黄小东.浅谈新课程下高中思想政治教学存在的问题与对策[J].中国科教创新导刊，2009（30）.

[3]王霞.略谈以课堂讨论为核心的高中政治的动态教学[J].文理导航（中旬），2010（8）.

[4]齐岩.新课程背景下高中政治高效课堂的构建策略[J].好家长，2016（8）.

# 教学需要"机智"

## ——观课随想

教育是一门科学，也是一门艺术。而教师这个职业，更是一门表演性质特别突出的一门艺术。因为教育和教学活动是师生的双边，乃至活动，这一活动的实施过程，犹如一场精湛的演出，教师处在导演兼演员的角色地位。教师要扮演好这双重角色，就必须拿捏好这门表演艺术，并且还要注意处理好修炼教学表演艺术与教育机智的关系问题。

所谓"教育机智"，是指那种能使教师在不断变化的教育教学情境中随机应变的精湛技艺。教育教学情境是多变的，因为学生在变，教师在变，气氛在变，时间也在变。换言之，教师要不断面临新的挑战，这些挑战可能是来自外部，也可能是来自教育者和被教育者自身的思维碰撞，可能是出于好奇却远离课堂教学目标的提问，也可能是非善意的挑剔与恶作剧，或者是中断教育教学活动的纪律事件等。总之，这些挑战造成的干扰，往往会导致课堂上出现尴尬的局面，甚至会打乱正常的教育教学秩序。在这种情况下，教师若能处之泰然，用一两句话、一两个肢体动作或者是课堂活动化解尴尬局面，就会化不利为有利，取得更为理想的教育效果。正是这种在普通事件当中捕捉教育契机的能力和将看似不重要的事情转换成有教育意义的事情的能力，才能使教育机智得以充分地实现。教育机智发自偶然，储之久远。它不仅能透射出一位教师的教育态度和能力，更反映出教师的内在修养与人格魅力。大量的教育教学实践证明，良好的教育机智对学生的人品、思想都有较大的影响，有的甚至会给学生留下终生难忘的印象，正所谓：一个好教师就是人生的一本好书，能启迪人的智慧。

一次机缘巧合，我有幸观摩了深圳市政治学科带头人、名师工作室主持人、宝安中学政治科组长孔令启老师的一节高三复习课。孔令启老师非常擅长用优美的语言与丰富的情感去感染、点燃学生的求知热情和创造欲望，启迪学生融入环境，主动参与，让学生自觉而有效地去掌握知识。尽管时隔数月，但他那优雅的风采仍历历在目，仿如昨天……

那次，因为是异地借班上课，孔令启老师对学生的情况并不熟悉，为了与学生拉近距离，让学生记住他的名字，从而更好地融入他设计的教学场景，他笑眯眯地跟学生说："同学们，你们是久经沙场的老战士啦，政治主观题卷面要出彩，要快速吸引阅卷老师的眼球，有什么绝招？"学生不知道是老师的"计谋"，立刻就说："每写一个新观点都要'另起'一行。""哦！另起一行，我就叫孔令启——每当你们答题书写的时候'另起'一行，就会想起玉树临风、风流倜傥的'另起'老师（'令启'的谐音）——也就是我啦！"学生们哄堂大笑，短短的几分钟，师生间的陌生感在欢笑中顿失，拉近了师生间心与心的距离，我从心底里佩服他的"机智"。

记得还有一次，我有幸到北京四中跟岗学习，并有幸观摩了北京市名师李明赞老师的一堂历史课。在上课的前半段，因为连续提问的两名同学可能是学困生，课堂上出现了较长时间的冷场，给人的感觉有点压抑。这时，李明赞老师不慌不忙地从讲台上走到同学们的中间绕了小半圈说："今天，看来同学们感觉搞'一言堂'不够过瘾啦，那我们就来个刺激一点的游戏，搞一场小型辩论赛！"于是，李明赞老师立马在课堂流程的组织上调整了策略，改用了辩论赛来推进教学，并大胆让那些学困生参与其中（在组织评委的时候，一是按1∶2∶4比例挑选优生、中等生和学困生，共7名评委；同时，还以老师年龄大，记性不好，记不全同学们所有论点为借口，抽了两名学困生到黑板上分别记录正反双方的主要论点）。我坐在课室的后排，从心底里发出感叹：真是艺高人胆大呀！如果换了我，会担心出现新一轮的冷场该怎么办。

事隔数日，我才慢慢窥探到其中的玄机，李明赞老师是在通过关注学情来调整他的教学策略，是典型的"以学定教""有的放矢"。"学情"，是指学生在某一单位时间内或某一项学习活动中的学习状态。它包括学习兴趣、学习习惯、学习方式、学习思路、学习进程、学习效果等诸多要素。关注学情是改变学习方式的迫切需要，是实行顺学而导的基本前提，是坚持科学施教的重要保证。李明赞老师这样做，一是要让学困生先学会聆听、阅读课堂，因为阅读是文科学习的重要环节。二是要让学困生感到"我很重要"，手握胜负决策权。三是立竿见影，课堂再没有人敢打瞌睡、开小差了。就这样，他用非权力性因素把学生"留"在课堂，无形中增强了学生课堂参与的主动性、积极性；四是通过辩论赛来推进课堂教学，开发了学生的差异性资源：因为有的学生听取信息能力强、反应快；有的学生表达能力、分析能力强；有的学生视野广，在发言中均可取长补短，真正让自由辩论阶段成为创造惊喜的过程，发言中不断涌现新面孔辩论内容有观点、有亮点。

此外，我还感悟到：李明赞老师教法的高明之处还在于他巧妙地利用了"学趣"。所谓"学趣"，不是在形式上激发学生的学习兴趣，而是从引导学生真正认识历史无穷魅力和享受学习历史无限乐趣的独特视角出发，让学生从根本上热爱历史学科，让学生把学习当作乐事，将发言和倾听当乐事，将自主学习当乐事，将合作交流当乐事，将课堂练习当乐事。

有人曾说过，课堂教学是一首流动的诗，随时都会有不确定的因素带来新的生成音符。我赞同这个观点，因为灵动的教学机智，会奏出精彩的乐章；而生硬的教学机智，则可能会弹出"杂音"乃至"噪音"，在孔令启、李明赞两位老师的课堂上，吸引我们的不是他们的幽默、儒雅，而是他们在解决课堂中"突发事件"的时候，如何使课堂上的一次次意外转变成教学中的一次次精彩，给课堂带来"意外收获"。名师们对课堂教学意外的机智处理，真的给我们带来了全新的思维启迪！

# 例说学科素养背景下高中政治课堂教学的度

### 案例一：高三政治"一轮"复习课《人民民主专政的本质与特点》

以下是某老师的课堂组织流程。

**上课前：教师展示本节课的教学目标与重点、难点**

① 政治认同："民主与专政的辩证关系"；"认识坚持人民民主专政的必要性"，提高学生对坚持人民民主专政必要性的认识，认同中国特色社会主义政治制度的优势，坚持社会主义的政治方向。

② 理性精神：培养真实情景下的思辨能力、逻辑推理能力和知识整合能力。

③ 法治意识、公共参与：学法、懂法、守法、护法、用法。

④ 重点：民主与专政的辩证关系。

⑤ 难点：人权与主权的关系。

**教师展示了5张新疆莎车县2017年**
**"7·28暴恐案"现场"打、砸、抢、烧"的画面**

材料一：新疆维吾尔自治区人民政府全体会议决定，在莎车县"7·28暴恐案"中无辜死难的，抚恤补贴金额提高至42万元人民币。成立心理辅导俱乐部，抚平群众的心理创伤。尽快恢复经济发展，着力解决人民的就业问题。

探究一：运用人权的有关知识，谈谈你对上述材料的认识。

"东突"分子热比娅在国外进行民族分裂的典型图片。

探究二：如何理解西方国家主张的"人权高于主权"？

教师展示了3张有关国外的人权得不到保障的典型图片。

图片1：在饥饿阴影之下，人权是奢侈的！

图片2：在恐怖袭击之下，人权是脆弱的！

图片3：在战争炮火之下，人权是空洞的！

教师总结1：人权是具体的、相对的，不是抽象的、绝对的！

教师总结2：我国在尊重和保障人权方面取得的成就，充分反映了我国人民民主的真实性。

知识拓展：人权就是人人基于生存和发展所必需的在政治、经济、文化、社会等方面享有的各种自由和平等权利，如生存、健康、就业、劳动报酬、社会保障、文化教育、政治参与等权利，其中生存权和发展权是最根本、最重要的人权。

【笔者点评】

1. 优点

（1）教学素材选择的视角较好，以真实的社会情景为视角，切入点较准确，展示的图片能震撼人的心灵，因而，能较好地体现政治认同、理性精神与法治意识的有机统一。

（2）教学方法运用恰当，通过社会生活的真实情景，理论联系实际，讲议结合，注意培养学生理性分析问题，形成正确的价值判断。

（3）课文内容的把握比较注重整体，关注教学细节，尤其是关注"冷点"知识的落实，不让教材的解读留下死角。

2. 不足

教师把教材挖得过细，拓展过度，尤其是"人权"这个知识点，该部分内容分成了八个板块，挤占了太多的课堂时间，重点不够突出，长期下去势必会影响课堂教学整体效率的提高，高效课堂也就无从谈起。

理由1：课本《政治生活》P6"人权"作为相关链接的内容，只引用了宪法规定的一句话"国家尊重和保障人权"。

理由2：《考试说明》要求："我国政府关于人权问题的观点"，一笔带过，意思是适可而止，掌握基本的知识就可以，高三的复习时间有限，没有必要花大笔墨去拓展。

## 案例二：高一政治课《如何做一个理智的消费者》

某老师的课堂组织流程：

### 出示本节课的教学目标

1. 理性精神

理解从众消费心理、求异消费心理、攀比消费心理及求实消费心理基本特征。

目标：

（1）培养正确评价和对待各种消费观及消费行为的能力。

（2）提高科学理财的意识和能力。

（3）根据主客观条件设计理性消费方案的能力。

2. 法治意识、公共参与

（1）树立正确的消费观，以科学求实的态度对待消费。

（2）坚持正确的消费原则，发扬勤俭节约、艰苦奋斗的精神。

（3）树立生态文明的观念，并自觉践行环境保护，推动环境友好型社会的发展。

### 课堂问卷调查

1. 主题：关于"零花钱"问题。（含"零花钱"的来源、数额、用途、风格、心态、动力、消费习惯、消费的关注点、消费观与中学生的关系、与朋友一起消费时如何付款、如何看待艰苦奋斗等11个问题）

"零花钱"的用途、风格、心态、动力、消费的关注点、与朋友一起消费时如何付款、如何看待艰苦奋斗。

2. 分析"量入为出，适度消费"的原则。

什么叫名牌？中学生是否应该追求名牌？为什么？

（1）避免盲从，理性消费的原则。

"我有钱想怎样花就怎样花"，请同学评价该观点。

（2）保护环境，绿色消费原则。

（3）勤俭节约，艰苦奋斗原则。

讨论：穿名牌、用名牌与勤俭节约、艰苦奋斗是否相矛盾？

在日后的消费中，我打算这样做……

【笔者点评】

1. 优点

引入"问卷调查"这种教学手段，接地气，形式灵活、新颖，有利于激发学生的学习热情，调动学生学习的积极性；有利于教师了解学生的消费心理，及时引导学生。

2. 不足

（1）设置的问题不够简约，重复严重。课堂上就"零花钱的用途、风格、心态、动力、消费的关注点、与朋友一起消费时如何付款、如何看艰苦奋斗"等问题前后共出现了5次，影响了课堂的效率。

（2）聚焦点不突出，面面俱到。要求同学面对全班同学谈自己的消费观，由于涉及私隐问题，有个别同学怕面子上过不去，没有说出自己真实的想法，可信度不高，从而影响了老师对同学消费心理的真正了解，那么这种调查的意义就会大打折扣。如果改为课前搞"问卷调查"，课堂上由学习小组长或老师公布调查结果，可能效果会更好些。

针对上述出现的种种情况，在倡导学科核心素养的背景下，教师应如何把握政治学科教学的度？笔者认为可从以下几方面入手：

**1. 教师要善于整合教材，优化课程资源，巧妙设计探究问题，聚焦课堂突破的核心点，用学科的魅力"征服"学生**

教材是沟通教师与学生之间情感的桥梁，是传承文化的一种载体，也是教学三角模型中重要的一维。在教学三角模型中，教师对学生产生直接的影响，或通过教材对学生施加间接的影响。学生在教师的影响下，通过教材习得一定的知识，发展一定的能力和技能，形成正确的价值观。教师优化教材或对教材进行研究是教学实践的重要环节，可以帮助教师处理好教教材与用教材的关系，从而最终实现有效教学。

学科魅力是学科教学的生命，教师只有具备良好的学科素养，才能吸引学生热爱该学科的学习。因为只有这样的教师，才可能把学科内在的魅力生动地展现出来，才可能教给学生真正的学科知识。每个人都有求知的热望，学生走进教室，是多么渴望教师能带领自己去享受探求新知的快乐，所以，教师要善于从教材外显的知识中，挖掘其中内隐的学科思想、学科方法等教育资源，大胆取舍，在深刻理解教材的基础上超越教材。

**2. 要有化归的思路**

所谓"化归思想"，是指将一个问题由难化易、由繁化简的过程，是转化和归结的简称。把有待解决或未解决的问题，通过转化过程，归结为一类已经解决或较易解决的问题，以求得解决，这就是"化归"。在解决数学问题时，人们常常将待解决的问题甲，通过某种转化过程，归结为一个已经解决或者比较容易解决的问题乙，然后通过乙问题的解答返回去求得原问题甲的解答，这就是化归的基本思想。政治学科作为文科，一方面，教师在教学中要致力于培养学生以"广博"为宗旨的学习方法，即博采众长、博闻强记、博学多思；另一方面，要渗透理科教学中化归的思路，这有利于培养学生缜密的逻辑推理能力。

**3. 教师要善于把握教学的层次，预设合理的教学过程**

教师在预设教学过程时，要体现层次性，特别是教学内容的层次性，要遵守循序渐进的原则，由旧知导入新知，由易到难，由局部到整体。

**4. 要坚守"情景化教学"的理念**

从表面上看，情景化教学只是"以情激趣，以趣诱知，知情合一"的教学思想，是一种让课堂焕发生机的教学方法。但是，从另一个角度来看，在"情景化教学"中，教师通过设计新颖的情景，把文本还原到作者心灵世界的深处，可以引导学生感受人性的温度和人格的高度，触摸精神的硬度和情感的细腻，引起学生的共鸣，达到潜移默化，润物细无声的效果。基于此，政治学科涉及经济现象、政治现象、文化现象等，社会性特别强，更要突出这种教学手段。

# 例说学科素养背景下思想政治教师
# 跨界思维的养成路径

## 一、主动投身于"跨界大阅读"，让眼界变宽广

所谓"跨界大阅读"，包含两层含义：一是指阅读主体的广泛性，读书不能局限于一个人，而是要营造"同读一本书"的书香氛围。二是指阅读范围的广泛性，阅读不仅仅停留在畅销书或某种、某类书上，而是广泛涉猎不同类型的书籍，拓宽阅读者的视野。

笔者认为，阅读，能让人的眼界开阔，思维方式更加灵活。教师职业具有较强的专业性，特别是开设选修课、校本课程等需要大量非传统学科知识，如果教师能凭借自己的兴趣，进行"跨界大阅读"，不断拓展自己的视野，沉淀知识，日积月累，就会发现自己的眼界变得更宽广，思维也更敏锐。但我们在教育教学管理中不难发现，繁重的教学任务、琐碎的事务性工作，让教师们不知不觉进入了一种疲劳、机械重复的工作状态，对教育的思考也就逐渐被忽略了。教师们虽然都知道阅读的重要性，却总是难以付诸行动。教师成长的关键不仅在于实践性知识的不断丰富，而且要实现实践智慧的不断升华。实践表明：要让教师成为反思型、专家型、创新型的教师，必须充分发挥理论知识在教师专业发展中的引领作用，让教师学会研究，促进专业的二次成长。

当下，随着互联网教育的发展，互联网交互、共享、开放等特征正深刻地影响并改变甚至是颠覆着传统教育教学的理念、思维和方法，这就要求教师的角色必须重新定位。在传统的应试教育中，知识传递的目的性强，权威性也强，方法比较单一，但在互联网教育时代，学生可以通过互联网教育平台对接各种学习资源，自己获取知识，不再局限于仅从教师那里获得知识。有时候，

学生获取或掌握的知识比教师所掌握的知识更早、更快、更丰富、更有针对性，这就要求教师要适应互联网时代对创新、智慧人才的新需求，肩负自己的使命，拓展新的角色功能，转变为培养质疑和创新精神的引路人，努力变成一位和学生共生共长的新时代教师。

近年来，笔者在"跨界大阅读"方面做了有益的探索，通过开展"同读一本书"，举办"教师读书交流会"等活动，在教师队伍建设方面取得了长足的进步，无论是高考成绩，还是教师参加各级各类专业素养比赛，都称得上成绩斐然。

近年笔者组织"教师读书交流会""同读一本书"的书目清单：《看谁在瞎忙》《第56号课室》《用服务的态度当教师》《优秀教师在悄悄做的那些事儿》《面向个体的教育》《从优秀教师走向卓越教师》……

## 二、借力高端平台，参与跨界培训，精炼专业，锤炼品格

有人说，从事教育如同营销一般，要善于广泛涉猎，创造更多可接触的体验机会，开展持续教育，理解教育的精髓，这样，教师所达成的教学艺术及其达到的教学境界才是教育的本质。

### 1. 对接高等大学，参与跨学段培训，让教育教学与科研工作更具有前瞻性

中学教师与大学教师的关注点存在明显的差异，中学教师的关注点是教学类研究，如教学模式、教材整合、教学手段及教学评价等；而大学教授的关注点是面向国内国际前沿进行研究，属学术性领域。如果中学教师与大学教师实现协同创新，中学教师通过借力师范院校的教材研究中心、教学示范中心、教学论坛、教师培训基地等，参与到课程建设中来，教师的跨界思维、科研及发展力必定大大提升。

笔者所在学校，近年在对接高等院校方面做了有益的尝试，让教师变得更有底气与灵气。比如与北京师范大学合作成立"脑科学班"，定期邀请北京师范大学、中央财经大学的教授为教师开设教育心理学、互联网大教育课程等；邀请华南师范大学、云南师范大学的教授对教师进行核心素养的全员培训；选派骨干教师到华中科技大学公共管理学院进行创新能力培训；邀请职业学院的教师、党校教师到学校开设公需课，了解国情、乡情，增强爱国爱乡的情感。

**2. 对标国内外名校，借力微型团队——不同学校不同学科的名师工作室展开跨界研修**

著名球星迈克尔·乔丹有一句名言："一名伟大的球星最突出的能力就是让周围的队友变得更好。"同样，名师之所以为名师，其最大的成就应该是服务、帮助、成全、协助成员的专业发展，助力他人的成长。

现实中，每个人的学养、经验、能力、专长、性格都不相同，基于学校发展现实的考虑，笔者所在学校，为了让教师能更好地换一个视角看问题，通过微型团队——不同学校不同学科的名师工作室，助推骨干教师的发展。具体包括三种类型的微型团队：学校管理、骨干教师、学者型教师三支精英团队，并充分利用好两类平台，一类是"名校联盟"平台；另一类是上级教育主管部门搭建的骨干教师培养平台，如"名师研修班""名师工作室""骨干教师高研班"等。

## 三、教学设计巧妙"嫁接"跨学科知识，让教师树立跨界意识

一般人看来，思想政治只是社会的需要，是政治家主观随意的拼凑和想象，没有深刻的思维和严密的推理过程。因此，在政治课教学过程中不必介意学生思维能力的高低，灌输一些给学生观点与原理即可，结果导致学生对观点和原理往往只知其然，而不知其所以然。在这样的教学理念指导下培养出来的学生，缺乏思辨能力、逻辑推理能力和知识整合能力，学生个性得不到很好的发展。久而久之，教师思维也会固化，最终被现代教育所淘汰。

经济的发展，必然要求人才不能只掌握科学文化知识与技能，而且还要具备科学的思维方法，能够创造性地工作和学习，从这个意义上讲，这是现代教师必备的素质之一。笔者在教育教学实践中发现：如果教师在教学设计中能巧妙"嫁接"跨学科知识，将会大大有利于教师树立跨界意识，其整合教材与驾驭课堂的能力会越来越强。

# 《生活与哲学》之《质变和量变》教学设计

抗美援朝战争中，中国人民志愿军战士的铁路木桥最大载重是40吨，而车厢和货物却重50吨，前线物资吃紧，刻不容缓，十万火急！怎样把物资安全运到河对岸？战士们发挥了集体的智慧，想出了两个办法：一是把桥梁修斜，一头高，一头低。二是把车厢与车头换位，用火车头高速地把火车厢推过桥。经过战士们的共同努力，最终成功地把物资运抵目的地。

设问：结合材料，运用量变和质变的有关知识分析战士最终成功把物资运到目的地的原因。

要理解这个生活情景，需要运用物理的力学知识来分析，而物理的学科特点又要求学生既要有丰富的空间想象力，又要有严密的逻辑推理能力。教学中，教师可通过"设疑—探究—质疑再探—升格训练"等方式梳理课堂流程，以本题为例，教师可这样归纳：质变是这样引起的，一是数量的增减（如火车头高速推车厢；把桥修成一边高、一边低）；二是结构、排列次序的变化（如车头与车厢换位，把桥梁修斜等），量变是质变的必要前提，质变是量变的必然结果。

从上述分析可以看到：如果教师在《生活与哲学》教学中大胆借用物理的力学知识，不但使学生有了一个很好的学科思维锻炼机会，也培养了教师整合教材、整合材料的能力。但在教学中，我们常常听到一些教师抱怨学生的归纳、推理能力差，做主观性试题缺乏条理。依笔者看，教师本身首先要自省，反思自己的日常教学中有没有真正培养学生这方面的能力。如果还没有这方面的意识，就应该马上更新观念，正所谓"亡羊补牢，未为晚矣"。

# 例说核心素养背景下政治学科教学的误区

笔者作为一线的高中政治教师，在教学实践中调查发现，当下高中思想政治学科教学陷入了以下几个误区。

## 一、政治课堂上过分追求所谓"亲身体验"的教学情景，把文化课等同于社会综合实践活动

### 1. 教师过分关注学生的情绪生活和情感体验

核心素养要求背景下，倡导教师的教学行为要高度关注学生的情绪生活和情感体验。孔子也说过："知之者莫如好之者，好之者莫如乐之者。"教学过程应成为学生一种愉悦的情绪生活和积极的情感体验。学生在课堂上是兴高采烈还是冷漠呆滞，是其乐融融还是愁眉苦脸；伴随着学科知识的获得，学生对学科学习的态度是越来越积极还是越来越消极；学生对学科学习的信心是越来越强还是越来越弱，这一切都必须为我们教师所关注。这种关注同时还要求我们教师必须用"心"施教，不能做学科体系的传声筒。

与此同时，在教学过程中，教师要创设新颖的问题情境，适度模拟真实生活中的某个片段，深深吸引每一个上课的学生，让学生们热情地参与、积极地思考、踊跃地发言，营造出浓郁的学习氛围，有效地提高课堂教学的效果。

但是课堂时间有限，课堂教学必须注重实效性，不能过分追求所谓的"学生的情绪生活和情感体验"而把课堂效率置之不理。如果热闹的课堂背后是浮在表面的知识学习，情景教学就会转化为"教学事故"。教师更不能陷入这样的教育误区：学生之所以不喜欢我的课，觉得枯燥乏味，甚至课堂上学生昏昏欲睡，教学效果差，主要是因为学生没有"亲身的体验"，他们是局外人，所以无法燃起他们的激情。

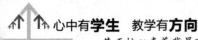

**2. 教师把文化课学习等同于社会综合实践活动**

核心素养背景下的基础教育课程改革的一个亮点是倡导"研学"（社会综合实践活动）。社会综合实践活动的特点是以活动为主要开展形式，要求学生积极参与到各项活动中，强调学生通过"研学"——亲身的经历，在"做""考察""实验""探究"等一系列的活动中发现和解决问题，体验和感受生活，发展自己的学习力、实践能力与创新能力。但是，重要的是我们要清楚社会综合实践活动是以学生的现实生活和社会实践为基础，来挖掘国家、地方与校本课程资源，而非在学科知识的逻辑序列中构建课程，所以不能把文化课等同于社会综合实践活动。

## 课例一：《文化生活·思想道德修养与知识文化修养》
## 之"直面生活中的思想道德冲突"

【上课流程】

（1）小品表演——主题"这人该不该救"

道具：两辆能启动的电动玩具汽车。

参与表演的学生：4人。

剧情：在某公路上发生了一起交通事故，一路人被撞伤了，昏迷不醒，情况十分危急。这时候，有父子俩刚好开车路过事发地。儿子说："赶快把伤员送到医院去。"父亲说："万万不行，万一家属或伤者醒后误会是我们把他撞伤怎么办？也有可能是'碰瓷'，别多管闲事，三十六计，走为上计！"

（2）讨论：你如何评价父子俩的行为？

学生甲：见死不救，必将受到良心的谴责！

学生乙：万一伤员误会是父子俩把他撞伤怎么办？好心得不到好报。

学生丙：赶快打110和120，让医生和交警去处理，这样既救了人，又不会让别人误会，这是上上策。

教师归纳：这就是实际生活中常常遭遇的思想道德上的"两难选择"。如何正视生活中的思想冲突，做出正确的判断和选择呢？一个重要的途径就是要加强自身的知识文化修养和思想道德修养。

（3）小品表演——主题"女生宿舍失窃"以后……

道具：毛毛公仔、饼干、沐浴露、洗衣粉、英语听力录音带、纸巾等。

参与表演的学生：2人。

剧情：某天上午第3节课，女生阿珍因病请假回宿舍休息，在宿舍的楼梯口，碰见邻班的好朋友阿萍手提着一袋东西，慌慌张张地往外跑。当阿珍回到宿舍时，发现宿舍的大门打开了，宿舍的东西有被人翻动过的痕迹，自己床上的毛毛公仔、英语听力录音带等不翼而飞。阿珍想："平常宿舍的钥匙是放在窗口，用小闹钟压着的，这是很多宿舍的习惯，莫非阿萍进去啦？该不该告诉班主任与宿管？万一误会了阿萍怎么办？阿萍会恨死我的，这会影响到日后的同学关系。"

【点评】这两个小品的思路不错，选取了生活中常见的真实事件，降低了难度。但是，在一节课中没有必要穿插两个小品来论证"实际生活中常常遭遇思想道德上的两难选择"这个理论观点，运用第一个小品的表演就足以说明问题。上述的教学设计过分关注学生的情绪生活和情感体验，把文化课等同于社综合实践活动，误读了"议题式"教学的内涵。

## 二、重情感轻认知，把高中思想政治课的课堂教学误认为纯粹的思想教育课

### 1. 把高中思想政治课的课堂教学等同于班主任上的班会课

核心素养背景下构建理想大课堂：追求"情智共生"的课堂。

教学的非情感化是传统教学的一大缺陷。传统教学是以学科为本位的教学，把生动、复杂的教学活动囿于固定、狭窄的认知主义框框之中，只注重学生对学科知识的记忆，而不关注学生在教学活动中的情绪生活和情感体验。

当下，在教学实践中，我们欣喜地看到教师的教学观念在逐渐发生转变：很多教师的课堂教学能较好地体现新课改的理念，如小组合作、探究、师生的互动、生生互动，培养学生的思辨能力、逻辑推理能力及知识整合能力等。一位教师曾感慨地说，如果不是核心素养背景下的新课程改革，他不会改变自己那张冷冷的面孔。他现在变得特别能理解学生那些自卑或自大、爱面子的心理感受。他尝试着用学科内在的美和平等的对话来吸引学生、撬动课堂，让思维自己发声，让心灵去体会生命的意义。

但在教学实践中我们也不难发现，部分教师的课堂教学在领悟"一体四层四翼"方面存在着明显的缺陷，对新课改要落实好学科核心素养理念理解得不够深（三维目标：基础知识与基本能力，过程与方法，情感、态度与价值观），在课堂上，老师们往往偏重后两者，而忽视了前者，由传统教学的重认知轻情感这个极端走上另外一个极端：重情感轻认知。

当然，立德树人是根本，学科教学要进行德育渗透，在教学活动中不能把教书与育人割裂开来，教学行为要关注学生的道德生活和人格的养成，课堂不仅是学科知识传递的殿堂，更是人性养育的圣殿。课堂教学蕴藏着丰富的道德因素，"教学永远具有教育性"，这是教学活动的一条基本规律。但绝对不能把我们的文化课全都当作纯粹的思想教育课来上。学生通过学科学习，要能掌握学科的必备知识和关键能力，否则，这就是对核心素养背景下新课改的曲解。我们要始终保持清醒的头脑：课堂教学要让学生掌握学科的基本知识，更何况在课堂教学活动中，教师的首要责任是将学科中的基础知识、基本技能、基本思想方法切切实实地落实到每一个学生身上，这是核心素养背景下新课改的题中之意。

**2. 过于频繁的课堂活动，分散了学生的注意力**

当下，非常流行"议题式"教学。"课堂气氛热闹"也许是新课改给高中思想政治课带来的最明显的变化，但"热闹"有合理与不合理之分。"沉闷的课堂"远离我们而去，生机与活力是否真正地来临了呢？"热闹"之下，是潜藏于表面的浮躁，还是深刻的领悟？这些都需要冷静与静思。

在教学实践中，我们不难发现一些"失控"的课堂，说得难听一点，还有点像同学在"玩"的味道，更有甚者有点像"骂街"的感觉。其实这些课堂"热闹"之中有不少表面化的东西，学生的真正收获并不丰盈。

作为教师不能片面地追求课堂气氛的热烈，而是要积极关注学生思维的运行情况，致力于学生思维潜能的激发，尤其是要注意培养学生的思辨能力、逻辑推理能力。教师要允许课堂上的合理沉默，课堂有时需要静思默想，只有活跃的气氛，而没有凝神思索的课堂不是健康的课堂。

**3. 没有处理好传统与创新的关系**

传承是发展的基础，创新是发展的源泉。传统中有很多东西是很好的，要继承传统课堂中好的东西。对于核心素养背景下的课堂教学需要坚持什么样的

教学理念,贯彻什么样的教学原则,落实怎样的教学要求,笔者认为,我们要达成以下共识:

回归教学的原点,尊重教育教学规律,义无反顾地坚持和传承传统教学的精髓,突破教材的局限与限制,明确"用教材教"而不是"教教材"。同时要敢于创新,新的未必都是好的;时兴自主、合作、探究,并不意味着讲授不能再登台,否则是对核心素养背景下的新课改的误读。基础性仍然是重要的,知识整合能力的培养必须建立在基础性的基础上,要反对华而不实的课堂。

## 课例二:《生活与哲学之价值的创造与实现》

【上课流程】

**活动一**:反馈采访成果——以小组为单位反馈身边熟悉的先进人物怎样创造与实现价值。

规则:每组派1人,限时2分钟,简述事迹,要求观点精练,不重复。

教师归纳:劳动是人的存在方式。

**活动二**:精研教材。

规则:必答与抢答结合,如果未答完,其他组可抢答得分。

出示假扮乞丐骗钱的图片若干。

**问题一**:为什么假乞丐有劳动能力却甘愿过乞丐的生活?人能否靠"不劳而获"生存与发展?(第1组回答)

教师归纳:劳动着的人是幸福的。

诗歌欣赏——"歌唱劳动"。

**问题二**:这首诗歌表明了什么观点?为什么?(第2组回答)

教师归纳:走出自我的狭隘天地,为人民服务是实现人生价值的必由之路。

**问题三**:有人说:"人生在世,吃喝玩乐;吃光用光,身体健康!"一个只想着自己吃好、喝好、玩好的人会真正幸福吗?你的幸福秘诀是什么?(第3组回答)

**活动三**:抢答题。

材料:美国当红歌星迈克尔·杰克逊拍摄的MTV中,一边跳舞,一边拿着大铁锤大肆地破坏周边的物件……

请问：你赞同他们的艺术表达方式吗？为什么？

小结：①在劳动与奉献中创造价值。②在个人与社会的统一中实现价值。

【点评】

（1）这节课教学设计的优点在于发挥了学生的主体作用，也体现了小组的合作、探究；课堂气氛比较民主、和谐；通过"研学"（即反馈采访成果）这一环节，锻炼了学生收集信息、整合知识的能力，有利于培养学生的实践能力。

（2）这节课教学设计的不足之处在于活动过于频繁，学生的注意力全都放在如何去抢更多的分数，而不是通过"议题"加深对教材的理解与运用。这样，一节课下来，很容易出现一种情况：课堂上热热闹闹，课后学生的头脑却是空荡荡的，考试的时候学生无从下手。

### 三、教师的评价只停留在激励学生参与，搞活气氛，没有很好发挥教师的主导作用

核心素养背景下的新课改，要求教师更新观念、苦练内功、转变角色。这就要求教师的教学行为要发生相应的变化，如在对待师生关系上，要懂得赞赏学生，赞赏每一名学生的独特性、兴趣、爱好、专长，赞赏每一名学生所取得的哪怕是极其微小的成绩，赞赏每一名学生所付出的努力和所表现出来的善意，赞赏每一名学生对教科书的质疑和对自己的超越。

但在教学实践中，我们不难发现，个别教师为了追求"正确答案不是唯一"的而滥用夸奖、赞赏的语言："这个不错，那个也很好""好""你真棒"，一节课下来，掌声不断。

笔者认为：核心素养背景下评价学生，在倡导激励的时候，绝对不能为了追求所谓的"正确答案不是唯一的"而放弃甄别功能。教师在课堂上应适当地运用评价机制，激励学生发展，激发学生的学习兴趣，产生高效率学习效果。

我们要反对追求评价效果的皆大欢喜。学生回答正确的，要给予充分的肯定；回答错误的，要及时纠正。在众多相对合理答案并存的前提下，哪个见解是最佳的选择，我们作为教师都要适当引导学生甄别，真正发挥好教师的引领作用。核心素养背景下的新课改，在对待教与学的关系上，十分强调思辨能

力，要求教师要善于帮助、引导学生，尤其是强调教师要帮助学生检视和反思自我，明了自己想要学习什么和获得什么，确立能够达成的目标；帮助学生设计恰当的学习活动和形成有效的学习方式；另外，还要帮助学生对学习过程和结果进行评价，并促进评价的内化。因此，如果教师的评价仅仅是为了激励学生，那就违背了新课改的精神。

## 四、不重视知识的动态生成

现代教育心理学研究指出，学生的学习过程不仅是一个接受知识的过程，也是一个发现问题、分析问题、解决问题的过程。这个过程一方面是暴露学生产生各种疑问、困难、障碍和矛盾的过程，另一方面也是展示学生发展聪明才智、形成独特个性与创新成果的过程。

重结论、轻过程是传统教学的一大缺陷，它把形成结论的生动过程变成了单调刻板的条文背诵，一切都是现成的：现成的结论、现成的说明，排斥了学生的思考与个性。

最佳的学习方法不是来自教师简单的"告诉"，而是学生费了一番脑筋，经历了一番"周折"后得到的：先通过独立思考生成个人的看法，再在小组内进行观点碰撞，形成小组意见，然后展开全班范围的交流——展示、质疑、解释、修正，最终形成全班的"研究成果"。在这个过程中，学生既掌握了知识技能，又领悟了学习策略，还提升了学习品质。

目前，在教学实践中我们发现有部分教师走向两个极端。

一是"新瓶装旧酒"。即核心素养背景下的教学行为与旧课标没有本质的区别，还是"教师讲、学生听"，没有发挥好学生的主体作用。

二是教师被学生的问题牵着跑，没有很好发挥主导作用。

核心素养背景下的新课改，倡导充分发挥好"互联网＋"在教育中的作用，要求学校、教师都要善于运用大数据，通过信息技术与课程整合这种手段，提升教学的针对性、有效性。这种整合的优势不仅将以计算机为核心的信息技术用于辅助中小学教育，更重要的是利用信息技术创建出理想的学习环境，全新的学习方式、教学方式，从根本上改变传统的教学结构和教学模式，达到培养学生创新精神、实践能力的要求。但我们在教学实践中发现，这种整合课堂容量过大、讨论的范围太广，活动内容过多；如果教师驾驭课堂的能力比较弱，往往就会被学生的问题牵着跑，使课堂教学成为没有深度的活动，不利于学生学科素养的培养。因此，教师的提问要精当，同时在与学生共同学习的过程中，当学生在某些问题上纠缠不清、往返重复时，教师就要适当找到切入点，把问题引向深入，使学生思维达到深透的境地，直到他们能够提出新问题来。

# 悟道高考

**1. 课堂要有趣**

即使是一轮复习课，也应该让学生满怀兴趣地学习。课堂内容安排要恰到好处，既关注生动活泼性，又蕴含着满满的思维张力。

**2. 课堂扎实有效**

整节课有讲有练；师生互动、生生互动、兵教兵、兵强兵，达到既夯实基础又能提升能力的目的。

核心素养背景下如何将高考与核心素养的培育有机结合？

（1）"读·思·达"教学法（福建师范大学教育学院余文森院长）。

（2）学科学习＝学科阅读＋学科思考＋学科表达。

（3）政治学科学习＝材料阅读＋梳理与探究＋表达与交流。

（4）学习力＝阅读力＋思考力＋表达力。

**3. 点面俱到**

（1）个别提问与指导。

（2）基于智慧课堂基础上的全员互动。

（3）实验班与平行班有区别。

（4）吃透教材、梳理教材是第一位。

（5）调动学生学习主动性是决定复习效果的内在依据。

**4. 最迟11月要启动合卷训练**

（1）做好学生的宣传发动工作。例如，引导同学们着手测试自己合卷后的时间分配、做题顺序，寻找一个适合自己的切入点。

（2）各学科要合理惩戒空白卷的同学，逐步减少乃至消灭空卷。

（3）用好阅卷系统的数据，用好年级表彰榜，凝聚正能量。

# 基于学科素养对思想政治学科知识的有效整合

新课改背景下，高中思想政治学科的核心素养包括四个方面：政治认同、理性精神、法治意识、公共参与。它给我们政治教师的启发是：高中政治教育要培养有信仰、有思想、有尊严、有担当的现代中国好公民。

## 一、学科知识的整合要基于深刻领悟国家课程标准的指导思想

综观近几年全国高考的考查方向，我们不难发现，高考思想政治学科的考查理念是：分数与素质相得益彰。既考查学科的基础知识，又贴近社会生活新颖而真实的场景；既突出考查学科的主干知识，又很好地检阅基于学科素养背景下的学生综合素质。浙江省教育厅牛学文老师总结得非常出彩：考查"带有本学科特性的必备人文品质和关键的综合能力"。

## 二、学科知识的整合要基于教育者本人的教育实践与探索

### （一）教师要引导学生学会"小综合"与"大综合"相结合的知识整合模式

**1."小综合"**

所谓"小综合"，是指教师在日常教学中要注意培养学生能以课、单元、目录、模块为单位进行知识整合的能力。

（1）"小综合"整合法适合单元复习或高三"一轮复习"，有利于学生初步构建知识树。

（2）"小综合"整合法操作策略。

①策略一：课本标题记忆法。

课堂上经常性开展课本目录的过关检阅（口头或默写），让学生在头脑中

对每一课、每一个单元乃至每一个模块都形成一个主体知识架构，为"精准审题"与"用好课本的话"奠定坚实的学科基础。下面笔者就以《经济生活》第四单元为例，梳理主体知识架构：单元标题—课文标题—框标题—目标题—重点段落核心句—重点语句关键词—关键词连接—最新热点时政语言。

A. 单元标题：发展社会主义市场经济。

B. 课文标题。

第九课：走进社会主义市场经济；

第十课：科学发展观和小康社会的经济建设；

第十一课：经济全球化与对外开放。

C. 框、目、段、关键词，围绕主题抓住主线，分两目：深入贯彻落实科学发展观，加快转变经济发展方式。

D. 重要目：转变经济发展方式。这一目又分为五段：a.主题、主线；b.创新驱动；c.经济结构调整；d.城乡一体化；e.资源与环境保护。

这一目的重要段落：推进经济结构的战略性调整（或城乡一体化）。

这一段落的重要语句的关键词：质量效益、供给侧改革、科技、劳动者、管理创新、四化、区域发展。

E. 关键词与本章节、跨章节甚至跨模块知识点的联动，如"创新""科技""资源节约""国际交往"。

② 策略二：抓主题关键词串联课本的核心知识。

**示例**：《经济生活》的整合思路：主题关键词—对应单元—核心知识。

A. 物价——第1单元（影响因素、稳定物价）。

B. 消费——第1单元（国家—消费水平；消费者—消费观、消费行为）。

C. 生产——第2单元（企业、劳动者）；第4单元（全面建成小康、科学发展）。

D. 分配——第3单元（制度、方式、原则、政策、社会公平与效率）。

E. 财政——第3单元（影响因素、财政作用、税收）。

F. 市场经济——第4单元（市场调节、市场秩序）。

G. 宏观调控——第4单元（原因、目标、手段）。

H. 对外开放——第4单元（原因、格局、基本要求、基本策略、基本原则）。

I. 汇率——第1、第4单元。

③ 策略三：思维导图整理法，学完新课或"一轮复习"，这个环节必不可少。

高一、高二同学新课学习过后，适合以课为单位整理思维导图；模块总复习或高三"一轮复习"适合以单元为主线整理思维导图。

**2. "大综合"**

所谓"大综合"：是指教师在日常教学中注意培养学生能以《经济生活》《政治生活》《文化生活》《生活与哲学》为主线，跨模块进行知识整合的能力。

（1）"大综合"整合法适合高三"二轮复习"或"三轮"复习使用。

（2）操作策略。

① 复习要敢于打乱教材的编排顺序，对教材知识进行重新整合，把《经济生活》《政治生活》《文化生活》《生活与哲学》四个模块融会贯通。特别注意引导学生挖掘教材（含综合探究），多角度进行专题复习，根据不同专题构建知识网络，学会横向、纵向整合知识。

② 依据：全国卷38、39、40题往往给出一个材料，让学生从政治、经济、文化、哲学不同角度分析，如2016年：

全国Ⅰ卷38题（政治/经济），39题（哲学/文化）；

全国Ⅱ卷38题（政治/经济），39题（哲学/文化）；

全国Ⅲ卷38题（经济/政治），39题（哲学/文化）。

又如，2017年：

全国Ⅰ卷40题（文化/哲学）；

全国Ⅱ卷40题（哲学/文化）；

全国Ⅲ卷38题（经济/文化），39题（政/哲学/文化）。

**示例**：2017年12月28～29日召开的中央农村经济工作会议提出："走中国特色社会主义乡村振兴道路"（"七条道路"：城乡融合/共同富裕/质量兴农/绿色发展/乡村文化兴盛/乡村善治/中国特色减贫）。

《经济生活》：①城乡一体化是解决"三农"问题的根本途径（以工补农\以城带乡\城乡互补\全面融合）；②共同富裕是中国特色社会主义的根本原则，是发展社会主义市场经济的根本目标（精准脱贫攻坚战\中国特色减贫之路）；③生产决定消费的质量和水平（农业供给侧改革，农业大国向农业强国转变，质量兴农）；④深入贯彻落实科学发展观，把生态文明建设放在突出地位（人与自然和谐共生）。

《文化生活》：文化与经济相互影响、相互交融；文化对人的三个作用；（优秀的乡村文化提振农村精气神\增强农民凝聚力\孕育社会好风尚）。

《政治生活》：发展社会主义民主政治，要坚持党的领导，人民当家做主和依法治国的有机统一（走乡村善治之路——要创新乡村治理体系，健全自治、法治、德治相结合的乡村治理体系）。

② 通过学案、堂上练及典型热点材料，让学生站在命题者的角度分享他们自主命制的不同模块的变式训练，多维度培养学生的知识迁移能力。

**（二）重中之重是把"新颖情景与问题导向高度融合"的思维训练常态化**

**示例：** 2017中央经济工作会议12月14日～16日在北京举行。

稳是主基调，要继续实施积极的财政政策和稳健的货币政策，要把防控金融风险放到更加重要的位置。根本途径是深化改革，就是要完善市场在资源配置中起决定性作用的体制机制，深化行政管理体制改革，打破垄断，健全要素市场，使价格机制真正引导资源配置。要加强激励、鼓励创新，增强微观主体内生动力，提高盈利能力，提高劳动生产率，提高全要素生产率，提高潜在增长率。

深入推进农业供给侧结构性改革，要把增加绿色优质农产品供给放在突出位置，狠抓农产品标准化生产、品牌创建、质量安全监管。细化和落实承包土地"三权分置"办法。着力振兴实体经济，坚持创新驱动发展，扩大高质量产品和服务供给。在市场准入、要素配置等方面创造条件，使中小微企业更好地参与市场公平竞争。促进房地产市场平稳健康发展，综合运用金融、土地、财税、投资、立法等手段。继续实施京津冀协同发展、长江经济带发展、"一带一路"建设三大战略。

**探究一：** 阅读材料，从材料中获取《发展社会主义市场经济》的相关考点。

**探究二：** 运用《发展社会主义市场经济》的相关知识分析中央经济工作会议是如何抓住了破解发展难题的"牛鼻子"。

**探究一参考思路：** 转变经济增长方式、经济结构战略调整、市场调节、市场秩序、市场、计划、全球化、国家的宏观调控、对外开放、各种所有制经济

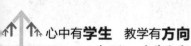
的地位、分配、创新驱动。

在此基础上导出第4单元《发展社会主义市场经济》的知识框架图。梳理出以下考点知识：

（1）发挥市场对资源配置的决定作用。

温故知新：市场配置资源的手段和优点是什么？

考点拓展：让价格机制真正引领引导资源配置的经济生活依据是什么？

价格形成机制：影响价格的因素（P11—P13）；价格调节机制：价格机制调节生产（P16）；价格机制调节消费（P14）；价格机制是宏观经济的重要调控手段（P84）。

（2）规范市场秩序，建立公平、公正的市场秩序，统一开放、竞争有序的现代市场体系，建立统一的市场准入制度。

温馨提示：从"为什么""怎么样"两个角度把握。

（3）加强科学的宏观调控。

［宏观调控的原因（市场失灵）；手段；主要目标］

（4）从经济学角度分析如何健全要素市场。

［价格影响生产（P13），经济制度（P35），分配制度（P60），财政作用（P65），市场的作用（P79），经济全球化作用（P94）］

（5）以科学发展为主题，以转变经济发展方式为主线，实施创新驱动发展战略，推动经济结构战略性调整。

（6）坚持对外开放，积极参与国际竞争与合作，坚持引进来和走出去相结合，充分利用国内国际两种资源、两个市场，全面提高开放型经济水平。

熟记：转变经济发展方式的五句话。推进经济结构战略性转移的五点——立足点、两个更多、四化、区域。

（7）高考典型题例提醒："一带一路"建设对我国和周边国家是双赢选择吗？如何推进"一带一路"建设？

# 静待花开

每朵花儿都有梦想，每朵花儿都有个性，所以，每朵花儿都有自己的花期。让我们付出爱心与耐心，去倾听花儿的心声。我们终将看到，花儿如约绽放！

梁浩铉同学，高三级理科班的同学，高分考入华南理工大学。该生的优点是学习勤奋、刻苦，成绩优秀，统考成绩多次名列年级乃至南海区理科前100名；缺点是情绪化明显，以自我为中心，个性倔强，好胜心强，容易受到非智力因素的干扰，一旦成绩不理想，就会灰心泄气，怀疑自己，成绩不进反退。此外，他比较自负，同学关系非常紧张。

## 倾听孝心，花苞初萌

一天晚上，我在课室巡查晚自习纪律的过程中，发现梁浩铉同学拿着一副白色的耳机和前排的女同学说笑，与周边安静的学习环境极不协调。于是，我就把他叫到课室外面，表达了两层意思：一是自习课期间聊天，浪费时间，耽误自己学习的同时也严重干扰了别人的学习；二是违反了学校纪律的"十大禁令"之一：带电子产品到教学区玩耍，耳机要上交学校德育处暂时保管，高考结束后返还。听了我的话后，他呆呆地站在走廊上，对我不理不睬，既不说话，也不交出耳机。僵持了一会儿，我问："浩铉，你真的不交出来吗？"他说："不交，那MP4是我用来学习英语的！"我说："我不反对你学英语，但在晚修期间玩电子产品，学校是不允许的，你不交上来，我唯有把你上交德育处处理了。""你这是在威胁我！"他突然抛出重重的一句话。当时我有点生气，但还是压住了心中的怒火，对他说："你说我威胁你，那好，明天我让刘益平老师请你的家长到学校，把我们俩今天晚上的对话在你家长面前复述一遍，如果你的家长也认为我这是在威胁你，那我就当面向你及你的家长道歉。你先回课室自习，我们明天再聊。"我转身离开了课室，心中有点不爽。没想到的是，我刚走出几步，他就追了出来，堵住了我的去路，"校长，你会不会处分我？"我没有立即表态。他"咚咚咚"地拍了几下胸口，并紧握拳头，很坚决地说："校长，我错了，我一定会努力学习的，但你可不可以不告诉我妈妈，不要让她为了我的事而伤心落泪。我的舅舅上周因车祸去世了，我妈妈一直都很伤心，我不想因为我的违纪再令她伤心。"我当时愣了一下，心想："这孩子懂得为母亲着想，有孝心，心地善良，如果引导得法，长大后会成为一个很不错的孩子。"于是，我说："好呀，我欣赏你的孝心，佛山统考马上就到了，如果你能进入年级前8名，我就把这事一笔勾销。"只见他如释重负，高兴地说："校长，一言为定，我还要超过朱珊清（朱同学的成绩长期稳居年级前3名）。如果统考我超过了朱珊清，你一定要亲自为我颁奖。""好的，如果你达成目标，我一定为你颁奖！"

第二天，我与他的班主任刘益平老师交换了意见，给梁浩铉同学布置了一个任务，写一篇不少于800字的"命题作文"，主题为《谈谈你对优秀的理解》，过了两天，他如期上交了作文。

佛山统考的结果，他考了年级第一名，我也没有食言，在千人报告厅亲自为他颁发了奖状与奖品。

## 倾听迷茫：花苞渐成

一天晚上的9点多钟，我巡查课室的晚修纪律时，发现梁浩铉在教学楼的走廊上四处游荡。我问他在干什么，他说准备去门卫处拿东西，他妈妈把一袋东西寄存在门卫处。我说："现在是晚修时间，等下课后再去取也不迟呀。"他没说什么，返回了课室。过了大约20分钟，我巡查完毕，在回行政楼办公室的路上，又看见他在"有为"广场上游荡，百无聊赖。于是，我堵住了他的去路。刚开始聊天，他还是很自负，语气中透出一点狂妄，说什么他一点都不喜欢桂城中学，中考时，他一心冲石门中学，只不过中考失利不得已才来到桂城中学。他还对我说："校长，我佩服你的为人，也感谢桂城中学老师对我的帮助，但这不代表我喜欢桂城中学……"他还用略带批评的口气对我说："校长，你每次在千人报告厅演讲，为什么总喜欢拿超级优秀的人来激励我们，我和同学们都觉得这是根本做不到的事情。"我说："那你觉得我该用什么层次的同学来激励你们，你觉得我是否应该鼓励你们以考上佛山大学为奋斗目标呢？"他沉默了。过了一会儿，他又问我："校长，你觉得我将来有没有前途？"我说："毫无疑问，你当然是一个很有前途的人，我也欣赏你对学习的投入、不甘人后的决心。但是，我并不欣赏你为人处世的方式，你做事冲动，看问题偏激，且喜欢我行我素，有时还超越了学校纪律的底线。"这时候，我明显感觉到他说话显得有点底气不足。于是，我顺势而为，与他聊了一些为人处世的态度，聊了一些高三学生应有的心态与品格。后来，他跟我说出了心中的目标：考上武汉大学。他还跟我约定，如果他考上了武汉大学，我要请他吃"麦当劳"。到现在，当时他那幼稚的表情与对话我还记忆犹新："校长，我长得胖，很能吃的哦！"我说："没问题，三百？五百？够吃吗？"他很开心地回课室去了……

## 倾听敏感：花瓣初展

一天的大课间，我在教学楼的办公室与一位班主任在聊天，聊到关于学生个性的问题，当时我们俩都有同感，根据以往的工作经验，我们发现个性太强的学生往往在高考中都发挥不理想。当时，我并没有留意梁浩铉就坐在班主任办公室当老师的小助手。过了一会儿，与我聊天的老师上课去了，梁浩铉神秘地走过来问我："校长，我这个人就是个性强，你们刚才聊天的话题是不是在影射我？你是不是感觉我高考不会发挥正常？"我当时愣住了，从他的脸上读到了他的敏感与多疑。

## 倾听压力：花儿绽放

某天下午，电闪雷鸣，适逢佛山统考，我和老师们正在电脑室参加区里的统一阅卷，有一位老师急匆匆上来报告，说梁浩铉在运动场上游荡，闪电不时在天空中划过，很危险，而且他的情绪很不对头……于是级长、班主任都去找他了解情况，稳住他的情绪。经了解，他之所以产生这些怪异举动，是因为佛山统考答案发下来以后，他发现理综考得很不理想，担心进不了南海区前100名，担心考不赢朱珊清。

晚上7点40分，在班主任的提议下，他来到办公室找我聊天，向我道出了心中的隐忧：一是在他的家族里，很多表姐、表哥都在中山大学、华南理工大学读书。自小他父母关系就不和谐，如果他考不上名牌大学，亲戚会看不起他们家；二是他哥哥当年在石门中学读书，看高考前的统考成绩考上中山大学应该没有问题，结果却上了佛山大学，他担心哥哥的"悲剧"在他身上重演；三是担心考不赢朱珊清，会很没有面子。说这些话时，他昔日的自负与狂妄荡然无存，我从他的脸上读到的更多是自卑与无奈！

我并没有与他聊成绩，只是与他聊我的成长经历，聊我的家庭和为人处世的态度与方式……一直聊到10点15分，在我的催促下，他很不情愿地离开了办公室，临走的时候他还问我，"校长，以后我可不可以常来你的办公室坐坐？""当然可以。"我爽快地答应了他。

7月8日，即高考结束的那天傍晚，在等他妈妈来接他的那段时间，在男生宿舍的楼下，他跟我聊了很多日后的人生规划。这一次，我明显感觉他看问题不再那么偏激，成熟了许多，也理性了很多，也许是经历了人生的一次重大考验——高考的洗礼！

有沟通才有教育，有爱才有教育！沟通是教育中最有效的手段，无论是教师还是家长，都要学会倾听，孩子要学会倾诉，这样做才能加强相互之间的了解和默契，有利于教育中各种问题的解决。

沟通作为一种教育手段，很多教师和家长对它的认识远远不到位。学生的离家出走、校园暴力事件、轻生现象的发生，主要原因就是亲子之间、师生之间的情感长期得不到有效沟通，于是在各种压力之下就爆发出来。

让我们静待花开，诚恒守望。

# 高三年级文综复习备考的困惑与策略

## 一、困惑

### （一）学生现象的呈现

（1）学生对文综测试重视程度不高：涂卡时，部分学生对信息点的填涂不认真，导致Ⅰ卷没有成绩，每个班都出现了类似情况，有些班甚至多达十几人。

（2）文综测试时，部分学生不能在规定时间内完成试题，留空卷现象普遍存在。据了解，平常分科测试时，各学科题量是适中的，到合卷考试时学生完成的情况就不容乐观。据统计：每个班、每个科目都有十几个同学至少有一道小题没有完成，教师们深入调研与分析后发现，学生在分科考试时不能完成题量，多为自身态度问题。

（3）学生的专注度不高。不少学生频繁上厕所，可以用"络绎不绝"来形容，甚至有些学生提前交卷，特别是到考试最后的几分钟，基本上是出来上厕所，上述现象同样也是各个班普遍存在。

（4）答题卷回收不规范，有些学生迟交，甚至有个别同学在学习委员收答题卷后，放学后自己交过来。

### （二）学科情况一览

#### 1. 政治学科存在的问题

（1）问题：①基础知识欠缺，基本概念模糊，对知识陷阱识别不出。②无法准确解读材料信息，审题不清。③遇到稍有难度的试题，畏难情绪厉害，对经济计算题直接放弃。④缺乏做题技巧，时间分配不科学，直接影响后续做题成效。

（2）对策：①充分利用"一轮复习"的良好契机，在理解的基础上打牢

79

双基；②养成勾画关键字词句的好习惯，审清材料中心及设问导向；③模块综合时科学分配时间，尽量先做哲学大题和开放性试题，然后再做经济和政治大题，以避免不必要的丢分。

**2. 历史学科存在的问题**

（1）选择题：①不能准确、全面地把握材料信息。要么钻牛角尖，不断纠结于某个词或字的含义，没有从整体上全面把握材料的核心；要么不断发挥想象力，夸大材料的内容。②不能准确、全面地掌握历史的基本概念。基础知识不扎实，既没有认真记、背基本的史实，也没有全面理解历史事件的内涵、背景、影响等。

（2）非选题：①审题能力差，不能准确理解题意。②阅读、理解、概括材料能力差，不能准确概括材料信息。③基础知识差，没有办法将所学知识与题目相结合。④表述能力差，口语化现象。⑤回答问题角度单一，不能全面、多角度地看待历史现象。⑥解题能力差，没有掌握基本题型的解题方法。⑦书写差，没有分点条理化，格式不规范。

（3）解决策略：①每次考试后要求学生自己分析存在的问题，及时总结反思，不能总是找客观原因，要积极寻找自己的不足之处，及时改进。②特别强调全面和准确掌握基础知识的重要性，尤其是一些重要主干知识，要适当拓展和延伸，让学生形成完整的知识体系。③狠抓非选题的训练。从两方面入手：一方面要注意对不同题型进行分类训练及方法总结，另一方面要进行限时训练。④逐渐指导学生掌握综合科答题的基本方法，如答题顺序、答题时间分配等。⑤注意加强学生的心理辅导。

**3. 地理学科存在的问题**

（1）学生存在的问题：①基础不扎实。高三初始有较多学生表示自己基础很差，高一时地理学得不好。8月以来的学习中，学生表现出对基础知识不熟悉，对基本概念一知半解，对基本原理较模糊。对地图不熟悉，没有良好的读图习惯。对未复习的知识，选择题错误率很高。②地理思维习惯未建立。未建立地理要素间的联系，尤其不熟悉自然地理要素之间的关联性，所学知识碎片化，调用知识困难。③学习习惯有待优化。课堂做笔记还需要提醒，翻地图册的习惯还要提示，尤其是课后对笔记的整理和复习，很多学生都未给予充分重视。对错题进行分析收集的习惯，还有待加强。④过于依赖老师的讲授。该现象在联考中尤为明显。在选择题中，复习过的知识得分较高，未复习的题目一律低分；平时测练中做错的题目，一对答案后就来问老师，甚至有学生表示还未看过解析。

（2）教师教学中的困惑：①基础与提高的矛盾。学生基础不好，一轮复习要把基本概念、基础知识和基本原理讲透，同时要尽量培养学生的读图习惯。而高考偏重对知识和原理的应用，尤其是在生活中、不同情境中的灵活应用。课堂时间有限，讲了基础，讲不了拓展；课堂上拓展了，课后就有学生表示不明白基本原理。②教师自身学科知识增长的需要。全国卷地理考查内容专业性较强，且大多和目前的学科前沿相结合，有较多新理念和新情景。教师需要不断提高自身的学科素养。但这需要大量的时间。而平时的上课、备课、改卷、命题等烦琐工作之余，留给教师的时间并不多。

（3）对策的思考。

学生方面：①强调基础，在一轮复习中尤其强调对基本概念和基本原理的掌握过关。②培养地理思维能力，尽快把握地理的整体性和综合性特点。这在必修一复习结束时会有改善。③形成良好的地理学习习惯，记笔记、复习笔记、看地图册、做知识归纳等要坚决落实。

教师方面：①在备课组活动中加入地理学科知识学习部分。②分工合作，加强交流。③坚持多素材教学，尽量使用有情景的练习题。注意课内外的配合，把部分基础知识放在课外完成。④增订学科类的专业杂志，如《地理科学》《地理学报》，让老师翻阅。⑤定期给学生看新闻或者纪录片，增长学生的见闻。

## 二、对策

（1）教师要善于引导学生养成良好的考试纪律与考试习惯。

（2）教师要加强监考巡查，不要高估了学生的自律性，到课室蹲点，增强考试的仪式感。

（3）级部及班主任要配合文综组做好宣传教育工作，特别是合卷后要统计好缺Ⅰ卷、缺Ⅱ卷成绩的名单，以及有一题以上空白的名单，上报级部广播点名批评。

# 普通高中实施职业生涯规划指导的尝试与思考

在当前的高中教育背景下，为数不少的学校对于学生的职业生涯规划指导缺乏足够的重视。许多学生由于没有得到过合适的职业生涯规划指导，难以拥有正确的自我认知，职业生涯规划意识几乎为零。正是这种现状的存在，致使很多同学进入大学以后，没有目标与方向，在迷茫中沉浸于玩电子游戏、追剧、谈恋爱、看小说……在毕业就业之时，眼高手低，高不成、低不就，好的公司看不上他们，差一些的公司他们又看不上，就业难度备增。有些学业较差的同学步入社会后，由于缺乏基本的职业技能和知识积累，就业更加困难。面对这种情况，笔者认为应该将职业生涯规划指导的相关教育前置，在高中阶段，就对学生逐步开展职业生涯规划指导，以此来加强学生对社会发展与对自身发展的认知和了解，从而更好地锻造自身的职业素养，为今后的人生道路夯实基础。

## 一、问题的提出

新课程改革明确提出，必须在高中阶段建立起对学生的职业生涯规划指导制度，结合学生的兴趣与优势，进一步加强对学生职业生涯规划的个性化指导。所谓"指导"，是指根据学生的个性（含兴趣、优势），适时介入他们成长过程中面临的各种疑虑和困难，为他们的行动方向和个人生活提供有效的指导和帮助。普通高中指导包括学术指导、职业指导、生活和行为指导、心理咨询与职业生涯规划等。但遗憾的是，由于学校缺乏集体"指导"功能，大多数高中生不知道他们为什么要学习、如何学习，以及他们将来喜欢做什么。

根据《我国普通高中生的现状统计表》的调查情况来看，中国的普通高中教育更注重对学生进行学业指导，在未来的人生规划指导，特别是职业生涯规划指导方面严重不足，劣势凸显。

根据《我国教师对高中生职业规划指导需求统计表》的调查情况来看，教师们已经表现出要进一步加强学生职业生涯规划发展指导的要求。有鉴于此，非常有必要在高中阶段对学生实施职业生涯规划指导。

**我国普通高中生的现状统计表**

| 本校学生发展指导现状 | 没有 | 很少 | 一般 | 较多 | 完善 |
|---|---|---|---|---|---|
| （1）日常生活和交往方面的指导 | 0 | 12.5% | 45.0% | 40.0% | 2.5% |
| （2）课堂之外的学业辅导 | 0 | 10.0% | 32.5% | 50.0% | 7.5% |
| （3）选课方面的辅导 | 7.5% | 5.0% | 50.0% | 30.0% | 7.5% |
| （4）文理分班方面的辅导 | 2.5% | 7.5% | 37.5% | 45.0% | 7.5% |
| （5）未来职业方面的指导 | 27.5% | 30.0% | 32.5% | 10.0% | 0 |
| （6）报考大学与专业等方面的升学指导 | 5.0% | 7.5% | 47.5% | 32.5% | 7.5% |
| （7）人生规划方面的指导 | 15.0% | 32.5% | 32.5% | 17.5% | 2.5% |
| （8）世界观、人生观、价值观方面的指导 | 0 | 5.0% | 50.0% | 35.0% | 10.0% |
| （9）个性心理方面的辅导 | 2.5% | 12.5% | 45.0% | 30.0% | 10.0% |

**我国教师对高中生职业规划指导需求统计表**

| 本校迫切需要加强对学生进行 | 完全同意 | 完全同意 | 完全同意 | 完全不同意 | 完全不同意 |
|---|---|---|---|---|---|
| （1）日常生活和交往方面的指导 | 72.5% | 25.0% | 0 | 2.5% | 0 |
| （2）课堂之外的学业辅导 | 45.0% | 30.0% | 7.5% | 17.5% | 0 |
| （3）选课方面的辅导 | 50.0% | 42.5% | 2.5% | 5.0% | 0 |
| （4）文理分班方面的辅导 | 45.0% | 42.5% | 7.5% | 5.0% | 0 |
| （5）未来职业方面的指导 | 35.0% | 52.5% | 10.0% | 2.5% | 0 |
| （6）报考大学与专业等方面的升学指导 | 52.5% | 45.0% | 2.5% | 0 | 0 |
| （7）人生规划方面的指导 | 75.0% | 17.5% | 7.5% | 0 | 0 |
| （8）世界观、人生观、价值观方面的指导 | 70.0% | 22.5% | 0 | 5.0% | 2.5% |
| （9）个性心理方面的辅导 | 70.0% | 27.5% | 2.5% | 0 | 0 |

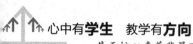
## 二、有益尝试

高中是学生形成世界观、人生观和价值观的关键时期。他们不仅要在进一步学习深造与就业之间做出选择，还需要考虑毕业后的学业方向或职业方向。这种面向未来的生活规划和职业生涯规划，与他们的人生观、价值观及他们目前的学习状态有关。普通高中生不同于高校大学生和职业高中生，高校大学生和职业高中生可以说已经完成了一次人生的选择，他们所需要的是特定的职业指导，而普通高中生正在接受普通教育和预科教育，发展方向还不确定。他们必须在不断了解自己，理解教育和职业信息的基础上完成人生中的第一次重要选择。对于普通高中的职业生涯的规划指导，不是要提出决定性的意见，而是要告诉同学们如何了解自己、了解教育、了解职业需求和进行多方面的问题分析。引导学生通过分析自身，最后决定如何发展自己的职业方向。鉴于此，笔者认为可以尝试开展以下方面的职业生涯规划指导。

### （一）引入相关概念

学校、班主任要指导学生逐步掌握职业生涯规划的相关概念和相关理论，通过认真分析自身的成长历程、发展阶段、现状及未来目标，让他们进一步了解在高中阶段进行职业生涯规划指导的重要意义与必要性，让职业生涯规划指理念在学生的心中早日生根发芽。

### （二）唤起自我认知意识

通过开展各种评估活动，让学生更科学、全面、明智地学习，了解自己的语言技能、计算技能、创造力与爱好、个性特征等。例如，运用"斯特朗兴趣问卷""库德普通兴趣量表""艾森克人格问卷调查"测试学生的兴趣所在；利用"卡特尔16种人格因素分析"来了解学生的个性特征，让学生了解自己的优势与劣势，从而更好地规避职业生涯中的弱点，更有针对性地进行选择；教育学生在评估中敢于正视自己的优势与劣势，主动编写自我评估材料，并提出改进建议。

### （三）对职业的初步探索

学校、班主任要引导学生注重理解和收集各行业的最新信息，如行业特征、就业机会、发展前景、工资、工作条件、工作环境和就业要求等，引导学生初步畅想他们的未来，希望选择什么样的生活方式在社会中"发光发热"；

让学生们知道将来需要什么样的知识水平。这样有助于学生初步了解进入某个行业必须学习与掌握的基本知识，并以此来激发他们的学习兴趣，促使其早日树立远大的学习目标、人生目标。

### （四）学生职业价值观的培养

学校、班主任要引导学生明白选择职业不是简单地选择自身的谋生手段，而是自身价值实现的需要；还要引导学生明白，职业的成功不是通过金钱、权力、地位等来衡量的。相反，应该看到这个职业是否可以带来工作的快乐、生活品质的提高，是否可以促进自身职业的发展，以及它是否能够实现自我价值；要合理引导学生认识到事业的成功取决于自身的能力和不懈的努力，不能仅仅归因于机遇、家庭背景或社会关系等因素。同时，一定要让学生明确自己的学习目标，以此来激发其学习动机；教育学生学会从当下开始，为自己负责，而不是依靠父母和老师，这样才能够走出最合适自己的职业道路。

### （五）对职业环境的分析

在职业规划指导过程中，还应让学生积极参加各类社会实践活动（即"研学"），如某公司人才需求调查、人才市场一日体验、面试情景模拟、假期勤工俭学等，这样才能更好地走进社会、走进生活，从而让学生更好地规划和修正自身的职业发展方向。

## 三、普通高中实施职业生涯规划指导尝试的思考

### （一）职业规划指导势在必行

职业生涯规划指导是高中教育必不可少的课程。普通高中教育对于学生来说既是基础教育，也是分流准备教育。在欧美资本主义国家，普通高中的职业生涯规划指导已经有了十分完整的制度。因此，我国有必要根据国情来建立有中国特色的普通高中职业生涯规划指导体系。这个体系既是社会进一步发展的需求，也是高中生进一步发展的需求，有着很强的现实意义。

### （二）职业生涯规划指导是真正的自我教育

职业生涯规划指导贯穿整个高中阶段，在高中一年级制订"我的学术计划"，在高中二年级制订"我的职业规划书"，高中三年级制订"我的人生规划书"。三本规划书以"我的职业生涯规划书"为核心，相互补充，共同指导学生的科学发展。特别是"自传"的写作可以促使学生的生活规划、职业规划

和学术规划落实到位。他们通过不断自我认识、自我实践、自我评估，并在学习过程中不断地发展自己。

### （三）职业生涯规划指导具有强大的发展功能

职业生涯规划指导具有高度的兼容性，因此，它具有强大的发展功能。在引导学生规划自己的职业生涯时，必须对学生进行生活指导、学习指导、选择指导、应用指导、生活规划指导和个人心理指导。因此，职业生涯规划的指导牵一发而动全身。在这个过程中，学生将理想与现实、人格禀赋与能力潜能、基本素养与人格发展相结合。职业生涯规划指导不仅可以让学生充分发挥自己的个性特长，还可以促进教师的自我教育和再教育。在有意识或无意识的情境下，让教师提高自身素质，其实质是教学和教学人员的自我优化过程。

## 四、结束语

综上所述，职业生涯规划指导是高中课程体系的重要构成部分，是保障学生学习、生活及发展就业的重要因素。因此，作为教育工作者，必须认真研究高中生的基础和发展情况，高度重视对高中生开展职业生涯规划的价值所在，并采取有效策略，强化学生的职业生涯规划意识和能力，促进学生早日成才成功。

**参考文献**

［1］中国教育部.国家中长期教育改革和发展规划纲要（2010—2020）.

［2］雅克·德罗尔.教育——财富蕴藏其中［M］.北京：教育科学出版社，1996.

［3］霍益萍.普通高中现状调研与问题讨论［M］.上海：华东师范大学出版社，2010.

# "问题教学法"在高中政治课中实施的策略

古人云："学起于思，思源于疑。"质疑是开启思维大门的钥匙，是学生学习的内驱力，是探索和创新的源头。加强学生问题意识、质疑能力的培养，让学生自己发现问题、提出问题且能独立解决问题有着重要的意义。

教学中应如何进行问题教学的操作？归纳起来可以从以下三方面着手。

**1. 教师要善于培养学生强烈的问题意识**

问题意识是指问题成为学生感知和思维的对象，从而在学生心里造成一种悬而未决，但又必须解决的求知状态。

问题意识有很强的效用，能激发学生强烈的学习愿望，从而使学生注意力集中，积极主动地投入学习中。问题意识还可以激发学生勇于探索、创造和追求真理的科学精神。相反，如果没有强烈的问题意识，就不可能激发学生认识的冲动性和思维的活跃性，更不可能激发学生的求异思维和创造思维。

现代教学论认为，从本质上讲，感知不是学习产生的根本原因，产生学习的根本原因是问题。没有问题也就难以诱发和激起求知欲，没有问题，感觉不到问题的存在，学生也就不会去深入思考，那么学习也就只能是停留在表层和形式上，所以现代学习方式特别强调问题在学习活动中的重要性，倡导一方面通过问题来进行学习，把问题看作学习的动力、起点和贯穿整个学习过程的主线；另一方面又通过学习来生成问题，把学习过程看成是发现问题、提出问题、分析问题和解决问题的过程。要想培养学生的问题意识，重点在于教师要善于营造提出问题的氛围。

示例：每讲完一章新书或每复习完一个专题后，老师可以腾出一定的时间，让学生提出问题，然后老师或同学当堂回答，这样，通过师生对话来解决困惑。笔者在讲解高三时政热点"《反分裂国家法》"这一专题时，有同学曾

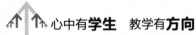
提出："为什么《反分裂国家法》不适用于香港特别行政区和澳门特别行政区？"笔者结合国家的法律法规，当堂回答同学们提出的疑难问题，从而解开了同学们心中的疑团。教学试验证明，这样做，老师和学生的距离拉近了，书本和实际的距离缩短了，学生的学习兴趣增强了，学习成绩也相应提高了。

**2. 搭平台让学生自己动手建构知识**

教师无论是上新课还是测评后进行试卷讲评，都要敢于放手，给学生充足的探究时空和自由度，让学生亲身经历探究的过程，体验探究的苦与乐，也就是说，学生能做的，教师绝不包办，让他们在做中悟、悟中做。

参照建构主义的教学观，学习是指学生自己建构知识的活动，在学习过程中，学生与教材、教师之间产生交互作用，形成知识、技能和能力，发展情感和思维品质。我们每一位教师都必须清楚地认识到，是学生在学，学生应当成为主动探索知识的"建构者"，而不是模仿者。例如，每次统一测评，特别是重大的考试后，老师一般都会进行试卷的讲评。老师进行试卷的讲评时，切忌急于求成。在教学实践中，我们不难发现，有的老师往往为了节省时间而把结果直接告诉学生，这样做，忽视了学生探究过程的展现和学生探究能力的培养。长期下去，学生对知识的生成过程很少有深刻的体验，对问题的症结缺乏深层次的思考，其探究能力自然就慢慢弱化，在日后的新知识学习中往往困难重重。

教育家埃德加·富尔曾指出："未来的文盲不再是不识字的人，而是没有学会怎样学习的人。"陶行知先生也说过："我以为好的先生不是教书，不是教学生，乃是教学生学。"基于此，笔者认为，教师正确的做法应该是先由学生本人去寻找失分的原因，而不是直接由教师告知正确的答案是什么。具体操作如下：

（1）重要的考试完毕，老师通过印发错题档案，先让学生自己进行试卷分析，寻找考试失误的根源，如下表所示：

高二级政治科10月统测错题档案

| 题号 | 书写 | 审题 | 遗忘 | 表达 | 知识性错误 | 总失分 |
|------|------|------|------|------|------------|--------|
| 1 | | | | | | |
| 2 | | | | | | |
| 3 | | | | | | |
| 4 | | | | | | |
| 5 | | | | | | |

学生通过试卷分析，自己去填写错题档案。这时，学生经历了反复的探究，一定会发现自己的问题所在。换句话说，学生经由了发现事实的过程。学生有了强烈的问题意识以后，就会达到自我反思、自我调整的效果，学生的学习方式也会在潜移默化中发生改变。

（2）课堂应该是民主的。教育实践表明：融洽的师生关系使学生的人格获得了尊重，人性获得了自由。课堂上教师是学生的学习伙伴，是一起分享的朋友，双方是平等的关系。学生是活生生的生命个体，身体是自由的，思维是灵动的，心情是快乐的。他们在课堂上应该是无拘无束、无忧无虑的。

现代教育理念也提出，学校教育课程绝不仅仅是教本、教参，而是教师、学生、教材和教育环境这四种要素的整合；课堂教学是师生之间、同学之间，以及师生与教材和其他各种信息源之间进行交流、交往的活动，是在一定的教育情景中，师生共同参与、互动切磋、积极探索、不断认识的过程。基于此，教学应该是一种对话、一种沟通，是合作与共建，没有交往就不存在真正意义上的教学，也就不能形成人的良好的学习效能。所以，教师应该提出有效的问题，创设问题情景，鼓励学生开放思维，同时为学生创造机会，让他们进行自由表达、真实表达、创意表达……这种做法，应该成为今后教学的主旋律。

示例：某次统测后主观题讲评："我国为什么如此重视文化产业的发展？"

步骤1：教师问：哪位同学愿意把你的答案当着全班同学念一遍？

步骤2：教师问：你这样答题拿了多少分？

步骤3：教师问：哪位同学愿意站起来分析一下该同学答案的亮点在哪里？你认为他在什么地方被扣分了？

步骤4：教师点拨该同学答案的亮点与短板所在。

步骤5：教师出示"为什么"这类题的一般答题规律。

题型："为什么"答题思路： ↗如果是正面的：原理+意义、积极作用
　　　　　　　　　　　　　↘如果是反面的：原理+后果、不良影响

步骤6：同学出妙招：如果希望得到"加分"，有什么好的办法。

步骤7：教师总结归纳该同学答案的不足在什么地方、为什么被扣了分。

步骤8：变式训练：布置类似的堂上练习或课后练习，进行巩固性训练。

就这样，教师通过巧妙的教学设计，让学生先说出自己的独特体验，说出自己的直接感受，再吸收伙伴们的精彩发言，加上教师的循循善诱，知识就在不知不觉中完成了构建，这个过程也充分体现了学生的主体地位。

### 3. 锤炼学生的质疑意识与批判意识

在教学中，教师要鼓励学生敢于对书本、对所谓标准答案质疑，甚至敢于超越教师；教师还要赞赏学生独特的理解和表达。

新课程改革强调，教学过程应当是师生交往、共同发展的互动过程，在教学互动中，教师应有意识地培养学生的批判性品质，使学生不仅能够主动地掌握知识，而且能不断地产生疑惑和问题，逐步形成发现问题、分析问题、解决问题的能力。质疑、批判的过程就是学习的过程、思维加工的过程，也是创新的基础和源泉。教师要不断培养学生在求同中存异的思维，在吸收中批判的能力，在互动中自我总结、自我评价的良好习惯。

示例：高三阶段，学生常常会参与正规的、大型的模拟考试，在高一、高二阶段也会参加一些名校的联考活动。测评过后，老师不但要引导学生研究命题的知识立意、能力立意、题型的特点、答题的思路、答题规律等，还要鼓励学生不要迷信所谓的标准答案，要敢于而且善于发现答案不完美的地方，并且能把它补充完整。

综上所述，以上几点做法其实就是倡导教师在教学中要"以学定教，顺势而导"，为学生创造一种自主、合作、探究的学习氛围。因为只有心中有学生，教学才有方向，同时这也充分体现了学生的主体地位，照顾到学生的现实知识水平和现实情感态度。在这种学习氛围中，学生调动起学习热情，悦纳了知识，开发了潜能，激发了探索意识，思维碰撞出火花，使问题迎刃而解，从而大大提高了课堂的效率。

# 借力名校名家应对新高考

## ——北京师范大学研学有感

感悟一：国际竞争的实质是以经济和科技为基础的综合国力的竞争。

在北京师范大学习期间，我有幸参观了国家重点科学实验室——脑科学实验室，了解到一些前沿科学的知识，了解到大脑科学对培养人、发展人乃至一个国家、民族发展的重要性。

感悟二：高品质学校成就卓越人才。

在北京师范大学习期间，我有幸走进了北师大二附中。这所学校给我留下了深刻印象，可概括为三个方面：一是有浓厚的文化底蕴，每一堵墙都会说话；二是科学的育人理念，学校践行大教育观，追求分数与素质相得益彰，带给学生的不仅仅是一张大学的入场券，还有一个发展的未来；三是拥有一支有底气、有灵气的优秀教师团队，他们的职业精神成就了卓越的学生，成就了高品质的教育。

感悟三：借力高校专家，开启桂城中学发展的未来

在北京师范大学习期间，有幸请到王亚鹏博士为我们做了主题为《认知神经科学与学习》的讲座，讲座中关于"复习原则""匹配原则""深度原则"等给我留下了深刻的印象，尽管不是第一次聆听王博士的讲座，但在文化底蕴厚重的北师大老校区重温讲座，我有了更深的感受。另外，在倡导核心素养的今天，王博士的讲座实操性强，接地气。同时，他关于"匹配原则"的观点与今天我们倡导的"情境教学""议题式教学"不谋而合，值得我们在教育教学中借鉴。

学习期间，我们还有幸请到张红川博士为我们做了主题为《基于"社会

脑"的教育变革》的讲座。高考是一个复杂的系统工程，大量的教育教学实践表明，我们要努力建构"三位一体"，家庭是基础，学校是主体，社会是平台。张红川博士用他独特的研究视角为我们解读了高品质教育的奥妙所在，为我们带来了全新的感受。

　　总之，北京之行，让我眼界大开，收获满满。

# 校本"自教育"提质创优之本

## 一、在超越中嬗变的桂城中学

2012年（一本：82人）→2013年（一本：149人）→2014年（一本：263人）→2015年（一本：290人）→2016年（一本：408人）→2017年（一本：650人）→2018年（高分优先投线：662人）。

2012年7月，我与梁瑞娟老师一同从南海中学调入桂城中学任教学副校长，那一年，桂城中学高考一本上线数为82人，人数很少，究其原因主要有以下两点：

第一，2008年桂城中学与平州高中合并后，队伍没有很好磨合，加上教师队伍年龄偏大，结构性失衡，8年未进新毕业生，图书馆就有9个正编，教师队伍职业倦怠膨胀。

第二，深入课堂，第一学期听课100多节，用新课程理念审视课堂状况：只见教材、不见学生的教学模式相当普遍。

市、区两级教研部门对学校教学视导反馈："教师课堂面面俱到，老师是'话霸'，我讲你听的'满堂灌'现象相当普遍。"市教科所点名批评：桂城中学教师平均年龄44岁，教师队伍老龄化比较突出。

## 二、桂城中学的优势

地理位置优越：地处南海区政治、经济文化中心（粤港澳大湾区核心）。

政府办校的初衷：把它办成窗口学校（桂中曾设有国际部，与香港霍英东家族合作，高峰期500多名学生）。

学校硬件、教师福利比较好，如16层教师公寓，人人有份。

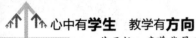
领队强：特级教师5人，正高3人。

## 三、校本"自教育"提质创优之本

所谓"自教育"是指"学校内部教师之间的互相欣赏、相互借鉴，从而促进专业的二次成长。倡导教师每周有70%的时间用在教学上，30%的时间用在发展教学技能和深耕备课"的校本培训模式。操作路径如下：

### （一）重舆论，造氛围

作为学生发展的主教练，学科教师不仅需要有精湛的专业技能，更需要有赤诚的教育情怀和高尚的师德修养，即达到"德艺双馨"的境界。然而，多元文化价值观并存的社会宛若一个巨大的思想超市，这就需要学校建立一个教师普遍认同的共通价值观。

突破口：校本培训序列化，以学校的校训"正心成人"为依托，设计了一系列具有校本特色的讲坛。

### 1."正心师德讲坛"

学校推荐荣获学年度"省、市、区"优秀教师称号的代表做主题演讲。该论坛一般安排在每年的9月份进行，结合教师节表彰，更好地发挥精神引领作用。

| 年份 | 主题 |
|---|---|
| 2013 | 观看法国电影《放牛班的春天》并写读后感 |
| 2014 | 观看美国电影《热血教师》并写读后感<br>《我理想中的桂城中学》 |
| 2015 | 《探航归来话成长》 |
| 2016 | 《回望来时路》 |
| 2017 | 《面对教海，幸福花开》 |
| 2018 | 《做一位安静的老师》 |

### 2."正心文化讲坛"

学校的愿景："让读书成为习惯"。繁重的教学任务、琐碎的事务性工作，让教师们不知不觉进入了一种疲劳、机械重复的工作状态，对教育的思考也就被忽略了。大家都知道阅读的重要性，却总也难以付诸行动。

要让教师成为学习型、反思型、专家型、创新型的教师，必须充分发挥教育理论在教师专业发展中的引领作用，让教师学会研究："同读一本书"，举办教师读书交流会。

| 年份 | 主题 |
|------|------|
| 2013 | 《看谁在瞎忙》 |
| 2014 | 《第56号教室的奇迹》<br>《用服务的态度当教师》 |
| 2015 | 《极具影响力的日常教学策略》 |
| 2016 | 《面向个体的教育》 |
| 2017 | 《做内心强大的教师》 |
| 2018 | 《优秀教师悄悄在做哪些事》 |

### 3."正心风尚讲坛"

主题："寻找集体备课好榜样"。

学校的愿景：打造"微型团队"。

依据：没有备课组的发展，就没有学科组的发展；没有学科组的发展，就没有学校的发展，搞好备课组建设有利于推广优秀教师的经验，有利于学校大面积提高教学质量。

操作策略：以教研组为单位，从团队精神出发，讲述一些感人故事。着力挖掘在落实教育教学常规中协作精神出彩，善于抱团成长，在高考、市区统考及学科竞赛中成绩优秀的学生。

### 4."正心育人讲坛"

以年级组为单位，讲述级组内部一个团队、一位班主任或某位任课老师的育人故事，营造"学高为师，行为世范"，无私奉献、教书育人的良好氛围。

| 年份 | 主题 |
|------|------|
| 2012 | 《我是这样带创新实验班的……》 |
| 2013 | 《我从高考改卷场回来》<br>《是我的学生感动了我……》 |
| 2014 | 《极具影响力的日常教学策略》 |
| 2015 | 智慧分享站之《抓细节管理，重细节教育》 |
| 2016 | 智慧分享站之《学生需要什么样的镜子？》 |
| 2017 | 智慧分享站之《惩罚教育别缺位》 |
| 2018 | 智慧分享站之《让每个孩子都成为与众不同的自己》 |

**5."正心精神讲坛"**

引导全体教师乐于奉献，忠诚于党的教育事业，做一位精神充盈的教师，让全体教职工在自己的工作岗位上，弘扬学校精神，以自己的实际行动展示师德风范，彰显师者本色，更重要的是给教师传递一种理念：一所优秀学校的锻造，必须有坚定不移、积极进取的精神！

| 年份 | 主题 |
|------|------|
| 2016 | 《因为喜欢，我来啦……》 |
| 2017 | 《说说我的故事》 |
| 2018 | 《夸夸我的同伴》 |

## 二、培与赛双促

学校的愿景：通过广覆盖、重实效、活形式，深度建构教师的专业智慧。

在学校、教师和学生的发展中，教师的发展始终是第一位的，只有教师发展好了，学生和学校才能得到更好的发展。然而，师德需要专业素养的滋润，教师最大的师德是专业发展。

**（一）用"专注"和"专业"锻造队伍**

"专注"是教师特别需要的一种特质。

"专注"就是不动摇、不折腾、不懈怠，有事业心和教育情结。

"专注"就是一种静心，是一种执着，更是一种坚守。

先做榜样，后做管理。在教师层面传递一种价值理念：你的责任就是你的方向，你的经历就是你的资本，你的性格就是你的命运；你若不想做，总会找到借口；你若想做，总会找到方法。

**（二）"专业"是教师的另一种特质**

老树要发新枝，就要反对经验主义。从优秀教师的成长经历看，一位出彩的教师的专业素养既包括教育理念、教育素养，也包括管理能力、领导素质；既包括教育创新，也包括身体力行、实践智慧。

**（三）磨"刀"不误"砍柴工"，且行且思**

教师的教育教学过程不是一味地输出，从专业二次成长的角度看，也是一个输入的过程。

一是倡导教师多从自身找原因，40分钟的课堂，时间弥足珍贵，要力求每一堂课、每一天的教学效率最大化，通过总结反思助力成长。

二是学校通过多种途径提高教师的专业素养，让教师在同伴互助中拓展思维宽度，在经验分享中加强反思力度，从而更好地激活教师成长的生命力。为此，要做好以下工作：

**1. 举办"教研擂台"**

（1）抱团成长，不让一位教师掉队。

日本著名教育学者佐藤学曾说过这样一段发人深省的话："学校的责任与使命在于不让一名学生掉队，保障每个学生的学习权利，保障每个学生都得到高质量的教学。此外，还有一个重要使命，不让一位教师掉队，促进每一位教师作为教育专家不断成长。我们应该创建一个越工作越有使命感、越能感到自己价值的学校。"

举办学科内的"教研擂台"，让每一位教师都明白：成功的背后有来自团队的力量，从而培养一颗感恩的心。

（2）"教研擂台"的操作方式。

① 设定一个科组活动时间，教研组成员均不安排上课任务。

② 第1环节：第1~2节课，高一、高二两个备课组之间开展课堂教学擂台赛；第2环节：第3节开展说课、评课擂台赛，其中说课占20分钟，评课占30分钟。

其中一次是高一级的教学内容，另一次是高二级的教学内容，如果条件许可，还可以是高三的复习内容。

③ "教研擂台"的评委由同学科的高三备课组全体成员、挂钩的教学线行政及学术委员会成员联合组成。

④ "教研擂台赛"的开展情况纳入每学年评"示范备课组"的重要依据之一。

⑤ 由科组长统筹安排。

**2. 教学比武，昂扬斗志**

教师要成为教学的领导者、创新者，需要熟悉教育心理学、学科发展史，以及比对各种教学法的优势，从而形成精湛的教学技巧。

为了更有效地提升常态课教学的有效性，我组织教师开展四类"课堂教学大比武"活动，着力提升教师常态课教学能力，让教师聚焦常态课教学，突出常态课的教学与研究，尤为重要的是要关注常态课中教师基本功和学生学科核心素养的生成过程。

教学比武的操作方式如下：

（1）教师先在科组内进行预赛，时间由各组确定，每学科组从中推荐一位优秀教师（年龄50岁以下）参加面向全校的决赛。

（2）分文理两条线评比，给予一定物质奖励。

（3）评委为教学线行政、学术委员会成员。

（4）各种活动：

①"精益杯"课堂教学大比武活动：面向"平行班"，一般安排在11～12月。

②"智慧课堂"大比武活动：面向高一、高二的实验班，含脑科班、深度课堂。

③新教师汇报课大比武活动：面向教龄2年（含2年）以下的新教师。

④我为"高三二轮复习献计谋"活动。

**3. 与名校名师的"同课异构"活动**

有一句话说得很好：风景于人并不重要，重要的是和谁一起同行、一起欣赏！

结对对象：各学科组5年教龄以下新教师。

操作方式：科组长牵头，新教师自愿的原则，选定一位导师（导师首选是市、区的骨干教师或高级教师）。

以两年为限，师徒捆绑评奖，学校设立"人梯奖"，对表现积极且效果显著的导师给予一定的物质奖励。

总之，学校的教学管理是一项极其复杂的实务，纸上谈兵，无济于事。关于学校教学管理的理论、理念、理解，都非常重要，但必须将它们转化为实践中的真功夫。在学校教学管理中要牢牢把握住四大法宝：与人为善、工作前置、系统思考、过程跟进。

# 打造优雅教师队伍的若干思考

## ——关于有效校本培训的实践与探索

学校教育要适应素质教育的新要求，建设特色学校，关键是要形成学校教师培训和可持续发展的运行机制，发现和培养一支具有本校特质的优秀教师队伍。

教师队伍建设与学校发展是相辅相成的，没有教师素养的提升，就很难有高的教育质量；没有教师的主动发展，就很难有学生的主动发展；没有教师的教育创造，就很难有学生的创造精神。同时，一所学校真正的成功并不是单靠内部体制改革，而是起源于内部体制改革，发展于教育教学改革，成功于教学质量。因此，教师是学校发展的第一资源，打造出一支极富创造力的教师队伍是学校发展的最大潜力。

如何立足校本，着眼发展，不断拓宽具有自身发展特点的校本培训思路？学校可以从以下几方面开展工作。

**一、顶层设计，整体规划，让校本培训主题化、序列式，给教师真正可以交流的空间，并在参与活动中获得成长**

**（一）以优雅铸"师魂"，大力开展"学规则、守师德、树形象"的活动**

师德是一位教师的灵魂，也是一支教师队伍的灵魂。学校的内涵发展不仅要追求高位运行的质量水平，更重要的是要拥有健康向上的精神风貌。

在校本培训中，学校要坚持把师德教育放在首位，一以贯之地抓实抓好，让教师牢牢记住"忠诚，热情、责任"这六个字。一方面，学校可以组织教师专门观看一些描写教师教育问题孩子的电影，如法国影片《放牛班的春天》，这部电影教育主题具有向上的感召力，是让教师深刻理解"学规则、守师德、树形象"的良好教育素材；另一方面也可以组织教师演讲会，如主题为"因为喜欢，我来了""是我的学生感动了我""我为学校发展献计谋""感悟陶行知的教育思想"等。通过开展一系列的师德教育活动，让教师们明白：相对于发达国家而言，我国规范意识的形成有着自身的现状与特点；更要清楚地意识到教师要善于用自身的言行去影响学生。大量的教育实践表明，高尚的师德对学生的人品、思想都会产生重要的影响，甚至会留下终生难忘的印象。

**（二）以"寻找幸福家庭好榜样"为活动主线，积极营造"小家"美满，"大家"才能共建和谐的校园文化氛围**

家庭是事业的后盾。每个人都有自己的理想和事业，也都有家庭，都希望理想能实现，事业获得成功，家庭美满幸福。事业心强的人，都希望对方做"贤内助"，把家庭生活安排得舒适、安逸，免除后顾之忧。在实际生活中，家庭与事业确实是一对矛盾，处理得好，事业会取得成就，家庭会获得幸福康乐；处理得不好，就会顾此失彼，造成不良的后果。为了引领教职员工正确处理好工作与家庭的关系，学校可举办一些别开生面的教师论坛，如主题为"我和我的家""说说我的故事"等，让教师们亲身去感受发生在身边的一个个尊老爱幼、夫妻互敬的感人故事，从中受到心灵上的启迪。

**（三）开设"名师大讲堂"——另辟选修课新径**

选修课是国内中学教改中的新事物，没有现成的模式可资借鉴。从选题、编写教材、组织教学到考核，一切均需教师自己探索着手。在学习的功利性颇有市场的情况下，开设选修课无疑对教师的水平境界提出了挑战。通过开设"名师大讲堂"，让教师的各种能力在实践中得到锻炼，有利于教师的专业化发展。

中学是一个人初步确立人生理想并迈出步伐之处。如果学校只提供单调的教育环境，日复一日地做题、考试，则我们的学生即便取得较高分数，也是一个心灵世界单调乏味的人。但如果学生有机会通过欣赏不同名师的教育智慧，亲身感受不同名师的人格魅力与共情能力，则有利于培养人格健全、富有生命活力与创新精神的学生，真正发挥全员育人的德育功能。

**（四）让学校充满书卷气与书生气**

为了创造有利于教师读书的文化条件，营造浓郁的读书氛围，学校可以开展形式多样的读书交流活动——"好书推荐"活动，如教法方面的《从洋思到东庐》，教育理念方面的《教育是没有用的——回归教育的本质》，教师综合素养方面的《教师的20项修炼》《看谁在瞎忙》，等等。为了营造浓郁的读书氛围，可以分别召开以特级教师、骨干教师、科组长、备课组长、优秀青年教师等为龙头的"读书交流会"，以此作为提高教师综合素养的平台，提升教师精神追求和信仰内化的品质，让老师们逐渐明白：不论哪类书籍，都是课堂教学的重要背景素材来源。

### （五）"师徒结对"，携手共进，共谱成长新篇章

为了进一步发挥学校优质教育资源的辐射作用，使青年教师教育教学能力跨上新的台阶，学校可以通过设立"人梯奖"，举办庄重的"师徒结对"拜师仪式，让教师们认识到：优秀教师作为师傅带徒弟，既是光荣也是责任，优秀教师将学校的优良传统一代代地传承下去。作为学生要主动学习，为自己的老师分忧，实现师徒双赢，共同成长。

具体操作：①学校牵头举办隆重的"师徒结对"拜师仪式，在校园内营造拜师光荣氛围。②签订"师徒结对"协议书。③徒弟向师傅赠送精美小礼物，以示尊重。④通过设立"人梯奖"，大力表彰在"师徒结对"活动中表现突出的师徒。

## 二、让教研组成为教师"成事成人"的重要平台

课堂是教师工作、生活的舞台，也是教师陶醉、享受的舞台。教师在这样的舞台上实现自己的理想，追逐一个又一个梦想。正所谓教无止境，课堂永远是教师无悔的追求，教师的生活因它而精彩，教师的生命也因它而美丽。但优秀的教学不是无源之水、无本之木，优质的课堂需要有效的教研来支撑与催生。因此，学校要善于搭建给教师提供展示才华、切磋教学技艺、研究改进课堂的平台，真正让团队教研成为课堂教学的有力支撑点。

教研组是每个学校都拥有的一个最基层的组织机构。教研组的组织形态由来已久，但时间的长度并不能说明教研组能高效、有序地运行，特别是在课程改革以后，这种最能体现出"同伴互助"的教研方式，必须用新的理念来审视它存在的有效性，这种新的理念就是让教师在参与教研组活动中"成事又成人"。为了让教师在教研活动中不断提升教育实践智慧，让教师自我价值得到

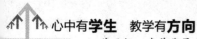

最大可能的实现，感受到职业内在的幸福，从而更好地为学生的发展服务，学校可以从以下几方面开展工作。

**（一）积极营造"教学拒绝平庸"的氛围**

**1. 以学科组为单位，通过开展与校外名师的"同课异构"活动，大张旗鼓地推进"课型"研究**

一堂课要教什么，教到什么程度，相当部分教师的目标不明确；某类知识，从低年级到高年级都是一个教法，没有体现出学生能力发展的阶段性特点。为了充分发挥骨干教师、中心教研组核心成员的示范辐射作用，学校可以开展与校外名师的"同课异构"活动，通过欣赏名师的教学艺术，掀起新一轮的课堂革命。在这个活动中，要求主持人在活动结束时，要对研讨的主要内容进行梳理，如研讨问题主要聚焦在哪几个方面，哪些提出了改进的操作性建议，哪些没有。这样的梳理才能使全组教师清晰地知道本次研讨取得的"共识"，让教研活动真正有所收获。

与校外名师"同课异构"意义深远。名师是工作出色、教育效果好、同行熟知、学生欢迎、社会认可、有相当名气与威望的教师。青年教师对他们充满好奇与期待，容易点燃上优质课的欲望与激情。通过有计划地推进这些教研活动，比、学、赶、超、帮的教研态势就在不知不觉中形成了。

**2. 精心策划优秀教师课例展示、青年教师教学大比武等活动**

大量的教学实践表明，现代教师主要应具备三种能力：更新自我的能力、教会学生学习的能力、科学评价学生的能力。这三种能力会集中在课堂教学中。今天，教师应该怎样上课，怎样才能使能力在课堂教学中有效发挥，怎样评价教师的课堂教学等，是我们一直思考的问题。为此，学校要注意精心策划优秀教师课例展示、青年教师教学大比武等活动，让不同层次的老师得到发展。

具体操作方法一：各学科组选两位老师，一位是上一届在高三任教且教学成绩突出的老师；另一位是本学年与该老师同一个年级的青年教师，让他们之间开展"同课异构"或"同上一节课"活动。

具体操作方法二：开展全校性的5年以下教龄的青年教师教学大比武活动。

**3. 开展"优秀教研组"的系列主题活动**

（1）进一步规范教学常规管理，实行科组建设量化考评制度。为了更好地调动全体教师的工作积极性和创造性，激励教师努力工作、积极进取、争优创先，进一步提高教育教学质量，全面推进科组工作向前发展，学校可以实行科组建设量化考评制度。

按照教研组的性质和任务要求，学校对科组的评估可从两个方面进行：一是评价教育集体的形成状况，即"形成性评估"；二是评价教学工作发展水平，即"水平性评估"。"形成性评估"主要分析学科组常规建设情况；"水平性评估"主要从教学管理的角度，分析判断学科组教学工作的质量和改革研究所达到的状况。

具体操作：分一级指标、二级指标。其中包括：工作职责（含执行力、会议考勤）；科组管理（含科组学习、计划总结、梯队建设、资源建设）；科研成果（含课题研究、科研论文、其他奖励）；教学效果（含教学监控、学科成绩、特长发展）；加分栏（含课程与教材开发）。

（2）以"寻找集体备课好榜样"为活动主线，举办"示范备课组经验交流暨颁奖大会"。备课组是一所学校最基本的业务研究单位，搞好备课组建设有利于培植一种交流、合作、研究的学术气氛，有利于学校现有教育资源的充分利用，有利于推广优秀老师的教学经验，加速年轻教师的成长，促进老教师的观念更新；有利于学校大面积提高教学质量。因此，各科组要注意整合备课组资源，加强备课组建设，特别是要强化备课组的管理，强化资料的收集和共享，强化备课组的集体备课功能及教研功能。为了推动这项工作的有效开展，学校可以策划"寻找集体备课好榜样"的活动，举办"示范备课组经验交流暨颁奖大会"，充分发挥优质集题备课组的标杆作用。

### （二）构建开放的学习平台，催人奋进

#### 1. 举办教育教学开放日，构建展示的平台

素质教育的主阵地是课堂，课堂教学永无止境。因此，为了提高老师课堂教学的实效，学校每年可举办面对省内的教育教学开放日，促使教师让常态课走向优质。

#### 2. 敢于冲破地方保护主义，建立跨地区学校共同体

为全面推进学校的素质教育，适应课程改革形势发展的需要，达到取长补短、资源共享、相互促进，实现学校办学共同提高的目标，学校可以与区外名校建立起友好协作关系——组建跨地区学校联合体进行深度合作。例如，在学校管理、教学教研、备考策略等范围内进行深入切实的合作，从而有效拓宽校

际交流的空间。跨地区的研究、合作，有利于提升学校教师底气，通过交流，教师会更加自觉奋进。

**3.** 让教师到国内外名校跟岗学习、挂职锻炼，提升教师的教学与管理能力

教师发展到一定阶段，如果不走出去，不和名家接触，发展就缓慢。因此，学校要积极鼓励教师外出参加各种各样的培训，含国内培训与国外培训，借鉴他人先进的教育思想和优秀的教学经验。

## 三、组建质量把关队伍——学术委员会与年级听课小组，让研究助力课堂

优质的课堂不是管出来的，而是要靠教师自觉的追求与努力实现，因为课程的实施是通过每一天、每一节的常态课进行的。因此，关注教学效益，就要求教师要有时间与效益的观念。教师在教学时既不能凭着感觉走，也不能简单地把效益理解为"花最少的时间教最多的内容"。教学有没有效益，并不是指教师有没有教完内容或教得认不认真，而是取决于对单位时间内学生的学习效果与学习过程综合考虑的结果，即学生有没有学到什么或学生学得好不好。因此，如何提高课堂教学效率，让每个学生在每堂课上都学有兴趣、学有所得、学得快乐、学出意义，是深入进行课程改革过程中值得我们研究的课题。这当中需要教师具备强烈的反思意识，每一位教师要不断地反思自己的日常教学行为，如我的教学有效吗？什么样的教学才是有效的？有没有比我更有效的教学？

要进一步提高学校教学、科研和服务的能力，学校可以成立学术委员会，学术委员会下面设立三个年级的听课小组。学术委员会是负责学校教学改革和科学研究的权威性组织，负责学校学科建设、学术研究和教学指导工作，尤其是对教学评价中家长、学生意见大的教师开展帮扶。

综上所述：在新的教育形势下，校本培训工作要不断创新工作思路，要按照"向管理要效益，向课堂要质量，用科研创特色，以特色促发展"的总原则，让学校进入素质教育的快车道，开创教育教学的新局面。

3

第三章

实践感悟之学生篇

# 高中思想政治学科高考冲刺复习小妙招

## 一、冲刺阶段"研读"教材的四大心得

"回归课本，让高考复习更高效！"高考冲刺复习要以课本为抓手，因为课本是高考命题和高考复习的依托。几乎所有的高考题都可以用教材上的知识去解决，教材更是高考命题的"发源地"。基于此，在5月冲刺复习阶段，我们仍然要根据《考试说明》，继续狠抓基础知识。

从近几年全国卷高考政治试题来看，无论内容多新、形式多活，都可以在教材中找到知识的支点，这就是说"题在书外，理在书中"，一切试题都是课本知识的深化、扩展和推移。所以，我们在复习时一定不要抛开课本复习，再好的学案、再好的复习提纲也代替不了课本。不管是问题探究和题目解析，还是时政专题复习，所应用到的知识都要回归教材，在教材中"寻根"，找出材料与教材的结合点，运用课本中的理论知识去分析说明热点问题。

读好教材能够让你更容易发现解题的脉络，从而快速解题。

怎样做才算是吃透课本呢？笔者认为，冲刺阶段的复习不是第二遍复习，绝不能搞简单的重复。第一轮复习的重点是基础知识的记忆和理解，达到熟练掌握。冲刺阶段复习的重点是基础知识的系统性和综合性，能够整合知识、综合运用知识分析新颖的情景，并解决问题。具体要求和方法如下：

### 1. 四个模块的基本原理要扎实过关

这个任务应该在第一轮复习阶段完成，但要温故而知新。在冲刺阶段一定要按照根据《考试大纲》和《考试说明》，对照课本，对每一个考点、每一个原理进行梳理，且要达到条理清晰熟练，绝不能"好像"是这样。

例如，某年"佛山一模"37题第一问"运用矛盾基本属性的知识说明法

治和德治的关系"。这种题目是检验对教材的记忆和理解的，但为什么很多同学得分不高？是因为不少同学对教材的知识没吃透，虽然似曾相识，但具体到"矛盾基本属性"原理具体包括几个方面又模糊不清。

又如，"系统优化论原理"具体包含几点？你分点默写吗？这些工作是冲刺阶段必须做的第一件事——按照根据《考试大纲》和《考试说明》，对照课本，对每一个考点、每一个原理逐一过关。暂时过不了关的，以两张备忘录的形式记下来，一张放在课本的第一页，一张放在相应单元的第一页，在复习这一模块或者某个单元前先看这些自己不熟练的内容。只有这样，我们才会每一次复习都有进步和收获。

**2. 研究目录**

按模块熟记每一个模块的单元标题，然后按照单元标题熟记每个单元所包含的框标题目录，每个框标题下面又包含哪些"目"标题，每一个"目"下面又包含哪几句中心语句。这是冲刺阶段要做的第二个重要工作，这个工作的成败直接关系到能否联系材料用最有含金量的语言去组织答案，拿到最高分。

例如，《经济生活》第5课包括公司的经营和新时代的劳动者两框，第二框"新时代的劳动者"又包括两个目，第一目"劳动和就业"又包含以下四句中心语句：第一，劳动者是生产过程的主体，在生产力发展中起主导作用；第二，就业是民生之本；第三，党和政府实施积极的就业政策；第四，树立正确的就业观。

而第一点劳动者是生产过程的主体，在生产力发展中起主导作用和第二点就业是民生之本是用来回答为什么的，第三点党和政府实施积极的就业政策和第四点树立正确的就业观是用来回答怎么做的。

又如，某年"佛山一模"第36题第二问"指出总理讲话精神的经济学依据"，一看到依据就知道是原因类题目，那当我们看到材料中"企业发展关键靠人"就自然想到劳动者的作用——劳动者是生产过程的主体，在生产力发展中起主导作用或者人才强国战略；看到材料中"最关心大家的就业"自然想到就业是民生之本；等等。

**3. 按高频考点知识之间的内在联系构建小体系**

按每个模块的主体构建：

例如，《经济生活》可以分别按市场的主体国家、企业、个人（劳动者、消费者）和社会再生产四个环节为线索进行梳理，政治生活可以按照公民、政府、政党、人大、政协、民族、国际关系为主线进行归纳总结。

又如，某年"佛山一模"第37题第三问，"分析中学生怎样才能成为社会主义法治的坚定捍卫者"。如果在复习文化生活模块时，按照国家、企业、个人三个主体对教材内容从是什么、为什么、怎么样三个角度进行了系统归纳，这样的题目就不难解答了。审题时只要抓住"中学生"（主体为个人）、"怎样"（题型怎么做），头脑中的考点就会信手拈来。

总之，按高频考点知识之间内在联系，构建小体系第二个方面，就是要打破单元章节的限制，按模块中反复出现的重要"词汇"来构建知识体系。

例如，《经济生活》中的价格（物价），以第一单元第二课"多变的价格"为核心，向前延伸，第一课货币的发行"通货膨胀"，往后推第三课"物价影响消费水平"，第九课"市场调节的三要素：价格、供求、竞争"，国家宏观调控的目标"稳定物价"等。我们不妨归纳一下经济生活中的"消费""就业""市场""公平""财政"等高频考点。

**4. 研读教材的两大误区**

（1）最容易出现的问题就是缺乏新鲜感和跳跃式阅读。关于缺乏新鲜感的问题，同学们可以不断地在课本上做一些简单的批注，把一些重要的考题简单标记在课本上，这样做，每次看课本都会有一种新鲜的感觉。

（2）看书的时候一定不能跳跃式阅读。有些同学遇到熟悉的内容就一字不看，这样做容易造成知识盲区，一旦考到了被忽略的内容就会措手不及。

## 二、冲刺阶段如何通过"做"题来提升分数

我们不是考试的机器，大家应该在日常的学习中掌握不同类型的解题技巧，寻找和总结出带有规律性的东西，做到触类旁通。例如，考查"政治生活"模块时常见的题型有"是什么"型、"为什么"型、"怎么样"型、"认识、评价"型等，而在解答每种题型时都是有一定的规律可循的。

**1."为什么"型**

设问常常有"为什么说""为什么要""……的原因""……的依据"等。答案在一般情况下应包括："这样说"或"这样做"的理论依据（课本相

关观点），即必要性；说（做）这件事的现实依据（当前存在的客观实际或主客观条件），即可能性；说（做）这件事的目的、意义，即重要性；有时还应回答其危害性，即说（做）或不说（做）这件事将会导致的消极后果。

**2."怎么办"型**

通常以"如何"或"怎样"等字眼来设问。"怎么办"型和"为什么"型一样，其设问一般都是给定了主体是谁，不外乎前面所提到的政党、国家（政府）、公民等，并且指定了要回答的某一方面内容。审题时务必看清主体，主体不同，答案有别。

（1）措施型解题策略。

① 根据材料找方法，材料呈现的是负面现象，其反向就是正确方法（如材料呈现的是环境污染，其反向就是加强环境保护，合理利用资源）；如果材料呈现的是正确方法，对材料加以概括、总结即可。

② 从课本知识中找方法（课本中的一些具体途径）。

③ 从原因（存在的问题）中找方法。

④ 从党代会、两会提出的重大措施中找方法。

（2）注重限时限量训练：掌握方法后，几次模拟考试结束后，很多人仍然觉得答题时间不够，这就说明我们的做题速度与考试对要求存在差距。因此，在剩下不到两个月的时间里，我们应该进行有效的模拟训练，提升自己在考场上的应变能力。

（3）对做过的经典题目不妨多次练习。

① 错题成集。

温馨小提示：珍爱错题本，认真寻找错因：知识漏洞，审题不清，思维模式有误。

错误也是一种宝贵的资源，对做错的题目认真加以总结，并详细记录心得体会，逐渐形成错题集，在每一次考试前的复习过程中系统地看一看，犹如"卧薪尝胆"，做到相同相似试题可提高正答率。

② 对题再做。

温馨小提示：冲刺阶段不妨重复多次阅读历年真题卷和近年模拟卷，对经典题目多次练笔。

做对的题目，人们往往容易忽视。殊不知，上一次考试中做过的题目，下一次考试也可能会做错。因此，把做对的题目再做几次，既有利于夯实基础，也有利于稳定正答率。

③旧题新做。

*温馨小提示：多次练笔的同时，要学会发现命题的共性，寻找解题方法与规律。*

在做近三年全国文综政治试题及各地模拟试题的时候，如果细心的话，你会发现高考试题和各地的模拟试题惊人地相似，但又有所不同。这就是高考命题专家对各地试题精心研究以后进行变式命题的结果。

因此，从多角度研究已有试题，进行变式训练（如将选择题改编为非选择题，改编非选择题的设问），有利于增强思维能力，也有利于提高应试技能。比如，大家比较熟悉的"依法治国"热点，我们的"佛山一模""广州一模"都从不同角度去考了。那我们能不能再从其他角度去思考呢？如从"企业和劳动者角度"（企业依法经营、诚信经营、保护劳动者合法权益等）或者从"社会主义市场经济"的相关知识来命题（宏观调控的法律手段、市场秩序的规范等），也可以把两个章节放在一起命题。

④专项突破。

*温馨小提示：有针对性地提高弱项。*

每一名同学都有自己的长项，也有自己的弱项。在最后两个月的冲刺中，要注重对自身弱项的专项训练以求突破。

# 美丽成全

## ——赖镇乾同学成功考入中央美术学院个案分析

2019年6月24日中午11：08，艺术班班主任邹颖坚在2019届艺术班的微信群里发布了赖镇乾同学的高考成绩：文化类总分475分，美术类总分567分。这个分数，意味着中央美术学院的录取通知书已被该同学稳稳收入囊中（注：赖镇乾同学的文化课总分只要达到425分就达到录取标准）。我长长地舒了一口气，并第一时间在2019届高三教师工作群分享了这份来之不易的喜悦，赖同学能成功逆袭是为师最大的幸福！回想起陪伴镇乾同学冲刺文化课的日子，痛并快乐着。

### 一、身教垂范

有人说："教育是一棵树摇动另一棵树，一个生命唤醒另一个生命。""陪伴是最长情的教育。"我认同这些观点，因为"世界上只有走出来的美丽，没有等出来的辉煌"。

艺术生往往文化基础薄弱，长时间缺乏系统的训练，要冲刺文化课，首先要用激情助力整个复习备考——人只有充满激情才有动力，老师充满激情才能更好地感染自己的学生。

基于此，无论是夏雨淅沥的早读，还是炎热难熬的夜晚，尽管是老眼昏花，但只要我没有公务在身，就绝不缺席上课与辅导，而是陪他在题海里挣扎，在挑灯夜战中度日，用身教的力量告诉他：成绩是干出来的，轻轻松松干不出好成绩，舒舒服服成就不了学业，必须坚持苦学、加油学，保持一往无前的奋斗状态。

## 二、守护天性

天性，就是自然赋予的品质或特性。唐代柳宗元在《种树郭橐驼传》中说了种树的诀窍：顺木之天，以致其性。意思是说种树要顺从树木生长的规律，让树木彰显自己的本性。其实，种树和育人的道理是相融相通的。它启发我们，守护天性的教育就是尊重学生、关注个体差异的教育。作为教育者，要尊重学生、理解学生，引导并唤醒学生自我成长，让学生能够成为自己。

刚接手辅导赖同学的文化课时，我发现他情绪焦虑，复习急于求成，测试要马上拿高分。同时，他的文科综合总体水平约150分（主观题基础较差，客观题不稳定），而2018届高考，桂城中学文科综合的平均分是193分，远远高于赖同学现有的水平。个性化辅导势在必行！基于此，在政治学科的个性化辅导中，我制定了"三步走"战略：

（1）前20天，针对高中政治学科四个模块的客观题开展专项训练，特别是重点突破分值最高的《经济生活》《生活与哲学》，让他把基础分拿稳。

（2）第二个20天，针对高考主观题的题型专项突破，特别是围绕高考时政热点，通过设计新颖的问题情景，培养他对时政的敏锐性，提升他的逻辑推理能力、思辨能力，尤其是把握一些"万能句"。

（3）第三个20天，强化他对套卷的应试能力，实现总分最大化：一是重温近三年全国卷（Ⅰ卷、Ⅱ卷、Ⅲ卷）、海南卷设问特点、答题规范；二是筛选省内大校、名校考前"临门一脚"试题，进行整合大练兵，训练他的题感、题速，以及对核心知识的驾轻就熟；6月1日至高考前夕，回归课本，每天做20道选择题。

高考放榜，赖同学的文综成绩196分，对于一个艺术生而言，这是一个重大的突破。

## 三、寻常求变

我于1986年7月参加工作，从教33年，经历了多次高考综合改革，我已记不清楚辅导了多少届学生高考备考。自2016年广东第一次采用全国卷，至今满打满算也有4年了，我亲历了三届全国卷的备考（2016届、2018届、2019届），算是高考备考场上的一名老兵。但我清醒地认识到：高三教师备考过程不是一味地输出，从专业二次成长的角度看，也是一个输入的过程。基于此，我常常警醒自己：多从自身找原因，高三复习，时间弥足珍贵，要力求每一堂课、每一天的教学效率最大化。

2018届高考备考，我引领艺术班备考，成绩亮眼：文化、专业双上线100%。

2019届高考备考，在辅导赖同学的过程中，我没有照抄照搬去年的个性化辅导方案，因为我深知：教学务求常教常新，要寻常求变。大量的教育实践证明，不仅仅是名师出高徒，高徒也成就了名师。

炎热的七月，夏意正浓，桂中校园里小树的嫩叶却团团簇簇，缀满了枝头。风一吹，雨一洒，清新的香气一圈一圈荡漾开来，勾了少年，三三两两围聚在树下，不知是嫩叶映了少年，还是少年衬了嫩叶，远远看去，透射出拔节向上的美感。

愿我们可爱的桂中人才辈出！

# 励志演讲专题

## 学会"弹钢琴"

同学们：

毛泽东同志有一个著名的观点：学会"弹钢琴"。提出我们做任何事情都必须学会弹钢琴。"弹钢琴要十个指头都动，不能有的动，有的不动。但是十个指头都同时按下去，那也成不了调子。要产生好的音乐，十个指头的动作都要有节奏感，要互相配合到位。"

按通俗的理解，学会"弹钢琴"包含了丰富的哲学思想，它启发我们做任何事情都要"既要抓住重点，又要做到统筹兼顾，凡事轻重有分、缓急有别"。

同学们，其实高三阶段的冲刺又何尝不是这样呢？

### 一、重中之重：弹好"分数"之琴

人，不仅要为自己而活，也要为别人而活。一个人被其他人需求的程度决定了他所能取得成就的大小。而是否被他人需要则要看一个人是否拥有自己的"核心竞争能力"。在这个处处充满了博弈和竞争的社会，谁拥有一项"核心竞争的技能"，让自己真正做到无可替代，谁就是真正的王者！

世界上最难跨越的鸿沟就是自己！

近几年，桂城中学"985""211""双一流"院校的录取结果令人满意，一大批同学实现了入读国内一流名校的梦想，如清华大学、中国政法大学、北京电影学院、中山大学、中国传媒大学、华南理工大学、中南财经政法大学、华中科技大学、暨南大学、华南师范大学、广工、广外、深圳大学等，这充分证明了"高分就是王道！这里的高分就是备考所追求的'核心'竞争力"！

## 二、要弹好"动力"之琴

鸡蛋，从外打破是一种食物，但从内打破是一种生命。其实人生亦是如此，从外打破是一种压力，但从内打破是一个成长的过程。

如果总是等待别人从外来打破，那么就注定了永远只能被别人主宰命运；如果能让自己从内打破，那么就会发现自己的成长相当于是一种重生。

高三阶段的学习，是一个主动追求改变的过程。蒋方舟有一篇著名的文章《高三不相信传说》："我不相信半天踢足球，半天上课，晚自习还睡觉的学生会考上北京大学；我不相信平时交白卷的学生，高考忽然灵光乍现，考了满分；我不相信左手吉他，右手美眉的人，能考过专心致志的学生；我不相信翻围墙去上网的学生功课最灵光；我不相信高考会提供作弊的空间……"

高三是个竞技场，你是个运动员。一切借口、伤痛、眼泪、软弱都无人喝彩。只有大学录取通知书是王道，如果你没有退路，那么来到这条起跑线上，就尽快打消幻想吧。所有的奇迹都是一步一步发生的，只是最后那一步引起世人关注而已。

## 三、弹好"态度"之琴

在生命长河中，有一种努力叫主动，有一种拼搏叫我愿意，那是因为梦想的动力！人的一生，最终你相信什么就能成为什么。因为世界上有最可怕的两个词：一个叫认真，一个叫执着。认真的人能改变自己，执着的人能改变命运。只要坚持在路上走，就没有到不了的地方！

国际著名佛学大师星云大师有一个著名的人生理念："失败者，往往是热度只有五分钟的人；而成功者，往往是坚持最后五分钟的人。"

我衷心希望同学们能成为后者！

## 四、弹好"友谊"之琴

人生最大的成本，就是在错误的人际圈里，不知不觉耗尽了一生，碌碌无为地度过了一生！而人生最大的喜悦，就是遇见了彼此的那一盏灯，你点燃我的激情，我点燃你的梦想；你照亮我的前途，我指引你走过黑暗的旅程。你我

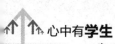
彼此是良师益友，相互成就！

看清了一个人而不揭穿，你就懂得了宽恕的意义；讨厌一个人而不翻脸，你就懂得了人品的厚重。活着，总有你看不惯的人，也有看不惯你的人。你的成熟不是因为你活了多少年、走过多少路、经历过多少失败，而是因为你懂得放弃，学会了宽容！

## 五、弹好"健康"之琴

如果说人生是一棵树，那么健康就是这棵树的根，只有根深才会叶茂。没有健康的身体，一切都是浮云。我们高三的备考，又何尝不是这样？

# 上满弦，加满油，决胜高考，只争朝夕

## ——在2019届高三开学典礼上的讲话

## 一、对标2018届师兄师姐

2018届高考，桂中高分层人数高达662人，其中，普高类文科、理科达到高分优先出档线有608人，艺术类双上线54人，居南海区第三，佛山市第五位。本科上线人数1195人，比2017年增82人，本科上线人数居南海区第一，本科率高达98.4%。

总分进入广东省前100名的有2人：孔丽珊，音乐类总分579分，居广东省第11名；邹舒曼，美术类总分570分，居广东省第100名。总分600分以上的共33人，其中文科25人，理科8人。最高分：文科621，理科622。

### 1. 单科高手如云

语文：131分（海中最高129分）；理数：133分；文数：142分（130以上46人）；英语：145分（140以上12人）；文综：245分（200分以上271人，平均分202.6分）；理综：262分（桂中平均分188分）。

### 2. 成绩媲美"七校联合体"

文科：

|  | 高分投档线 | 排序 |
|---|---|---|
| 宝中 | 157（75.5%） | 1 |
| 仲元 | 129（68.3%） | 3 |
| 海中 | 230（64.8%） | 2 |
| 中一 | 284（61.2%） | 4 |
| 普二 | 132（13.4%） | 7 |
| 潮一 | 44（24.9%） | 6 |
| 桂中 | 210（47.5%） | 5 |

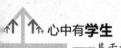

理科：

|  | 高分投档线 | 排序 |
|---|---|---|
| 宝中 | 635（83.8%） | 1 |
| 仲元 | 604（75.3%） | 3 |
| 海中 | 630（77.9%） | 2 |
| 中一 | 677（68.9%） | 4 |
| 普二 | 583（27.5%） | 7 |
| 潮一 | 440（61%） | 5 |
| 桂中 | 398（60.2%） | 6 |

**3. 一批艺考生抢到名校入场券**

余高婷：美术类考生，已成功入读清华大学。

陈彦俊：文化成绩与专业成绩分别达到中央美术学院分数线

陆建彬：传媒类考生，在北京电影学院摄影与制作专业考试中位居全国第8名。

陆建彬、吕春潼被北京电影学院录取；林桐因被中国传媒大学录取。

此外，有一大批艺术类同学进入了九大美术学院之一的西安美术学院、广州美术学院、星海音乐学院、浙江传媒学院等。

**4. 一大批普高类同学入读一流名校**

据统计，名校的录取令人满意，一大批同学进入中山大学、华南理工大学、香港中文大学（深圳）、华中科技大学、中南财经政法大学、西南政法大学、华中师范大学、同济大学、暨南大学、深圳大学、汕头大学、广东外语外贸大学、南方医科大学、广东财经大学、广东工业大学等。

## 二、我们为什么要参加高考

### 马云背后的"女人"

李颖才华无双，17岁同时得到美国麻省理工、耶鲁大学及斯坦福大学的录取通知书，最终她选择了麻省理工，入学第一年就拿到两个硕士学位，她20岁毕业就拥有三个学士学位、两个硕士学位。29岁，马云三次邀请她回国创业，目前掌管云峰基金，30岁已坐拥百亿资产。

著名高考备考专家相阳老师曾说："从高考开始人生之路便有所不同。在高考中几分之差，就会让你走进不同的城市，就读不同的大学，学习不同的专业。大学毕业走上社会，这个差别将进一步地扩大，以后会随着时间的流逝，这个差别会被成百、上千倍地放大。"这就是高考！这就是高考带给我们命运的改变！作为准备参加高考的考生，请同学们思考以下几个重要的问题：你为什么要参加高考？为谁高考？希望通过高考得到什么？这看似非常普通的问题，很多同学却并不在意，从来没有认真地思考过。应该说这样的同学，高考意识还不够强烈，甚至可以说是很盲目。请看我们身边的同学：

有的同学是在随大流而参加高考，因为大家考，所以我也考。

有的同学是为了让父母高兴而参加高考，让父母在亲朋好友面前感到骄傲或报答他们的养育之恩。

有的同学有强烈的宗族观念，为了光宗耀祖而参加高考。

有的同学是为了自己的荣耀而参加高考，要证明我也不比别人差。

有的同学是为了自己一生的发展而参加高考，因为他意识到参加高考是为自己的一生发展在做准备，是人生之路上的重要一步，所以必须走好。

在这里，请同学们扪心自问：我为什么要参加高考？参加高考我想得到什么？一定要说出自己的心里话，要做真实的自己！

也许，有同学会说，我现在才十六七岁，不可能有那么成熟的想法。其实不然，我知道在座的各位同学，有理想、有追求，同时也很实际，不少同学还是独生子女，父母在对你们寄予厚望的同时，也将全力以赴，为了你们，甘愿付出一切！所以，在参加高考的关键时期，我们要回到问题的根本上进行思考，挖掘一下自己参加高考的出发点，意义重大。

第一，你的人生追求，是现在的享乐，还是终生的成功？

你现在可以很轻松、快乐，安逸地度过每一天（如玩手机、看小说杂志乃至谈一场恋爱），但你300多天后就可能考不上大学。

你现在可以不努力、不吃苦，但以后可能就会去从事社会最底层的工作。中国有一句俗话："自在不成人，成人不自在！"一位美国儿童专家也讲过："有着十分幸福童年的人，常有不幸的成年！"

第二，你为谁而学习？

如果在父母的监督下，你能学习，一旦没有了父母的监督，你就去看课外

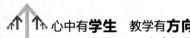
书、看电视、上网或干些与学习无关的事情，那你是在为父母而学习！

如果在自习课上，听见老师的脚步声，你才停止和同学说话或开小差，避免老师的批评而去学习，那你是在为老师而学习！

如果仅仅是为了超越某位同学而去拼命学习，换取暂时的荣耀，那你是在为同学而学习！

可是，他们都并没有出钱雇你来替他们学习，你只能是为自己而学习！

同学们，请记住：如果把备考当成一个项目，那么只有考生才能当项目经理，对项目的成败负有主要责任；教师只能当项目总监，规划、指导项目的进展。因为高考是你自己的事情，不要把它推给你的父母、你的老师。运动员拿了金牌，站在高高领奖台上的是运动员，而不是他的父母、他的教练！

## 三、我这样理解高考

高考虽然不是唯一的出路，但就中国的现状来说，应该还是一条不错的出路。在广东这样经济和教育都相对较强的大省，强大的升学压力和就业压力必将长期存在。记得有一位教育界的名人曾说："教育是穷人除造反外唯一翻身的途径。"这句话不能说全对，但寓意深刻。因为我们不能不承认：直到目前为止，我们面临的仍是一个学历的社会！

盘点中国毕业生薪酬最高10所大学：

| 排名 | 学校 | 亮点 |
|---|---|---|
| 1 | 北京外国语大学 | 中国外交官的摇篮，同声翻译月入一般3万元以上；百万年薪也不足为奇 |
| 2 | 中央财经大学 | 银行行长的摇篮，各大银行的管理层超过三分之一出自中央财经大学 |
| 3 | 同济大学 | 三个王牌强系：汽车、土木、建筑，除了清华大学，国内几乎没有其他学校可以与之抗争 |
| 4 | 北京大学 | 经济学院、国际关系学院毕业生就业让绝大多数高校眼红。 |
| 5 | 中国人民大学 | ①王牌专业：法律、金融保险、新闻；②人大毕业生在政界相当突出；③每年人大毕业生考取公务员人数居全国高校之首 |
| 6 | 对外经济贸易大学 | 每年进入德勒、毕马威等国际知名会计师事务所的人中有35%来自对外经济贸易大学 |

续 表

| 排名 | 学校 | 亮点 |
|---|---|---|
| 7 | 北京邮电大学 | 就业前景不亚于清华,每年中国移动、联通、电信、吉通四大运营商所招聘的新人中北邮学生占一半以上,上述几大公司的领导层75%都是北邮毕业生 |
| 8 | 上海交通大学 | 制造业、IT业实力名列全国前茅,交大学子脑筋灵活、善于经营,管理能力强,较易进入管理层。IT类大企业及外企,每年给交大单独留出招聘名额 |

放眼看广东就业竞争力5强的重点大学:

| 学校 | 就业状况 |
|---|---|
| 中大 | 80%的毕业生进入名企和政府机关 |
| 华工 | 现代企业家的摇篮(长虹、创维、TCL三大品牌的老总是当年华工的同班同学) |
| 暨大 | 澳门七成医生从暨大毕业,30多名毕业生任澳门政府高层司厅级官员,不少校友在香港政界、企业界、新闻媒体工作 |
| 广外 | 外语专业就业率100%(精英班) |
| 汕大 | 传媒、商学、医学就业质量特别高 |

## 四、我们的短板在哪里

(1)学习不专注且浮躁,未做到入静、入定、入神。例如,部分班级的班风、学风及考风不正,违纪现象远远超出同类班级,学科成绩差(横向比)。部分同学缺乏人生规划,没有明确的奋斗目标,更有甚者整天沉迷于看大部头小说、玩网络游戏。

(2)总分上线人数处于劣势。

(3)部分学科基础薄弱。

(4)2018年起,广东合并一、二本招生,政策的改变对类似桂中层次的生源校冲击大,尤其是文科,以七校联合体为例,传统意义上的大校、名校在新的招生制度下竞争优势凸显,他们优先抢到了高分保护线的入场券。

2019届广东考试院公布高分保护线:文科划20702人(占6.63%),理科划77056人(占22.5%);普高文科考生312056万,理科342061万,文科竞争更惨烈。据权威人士透露,高分投档线比传统的一本线高出2~3分。

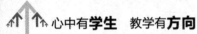

## 五、我们的方向在哪里

### 1. 心中有目标

选一所自己心仪的大学及将来想从事的职业发展方向，然后上网查找其近三年其录取的省排名及分数，寻找自己的差距；找一位竞争对手（师兄师姐、校内外高手）比着学，常常给自己打点鸡血（与优秀的人为伴）。

### 2. 焦宇晨、焦宇晓双胞胎成功的启示

焦宇晨、焦宇晓，2014年以高考理科704分和699分的好成绩双双考进清华。其中，焦宇晓获得清华大学"领军计划"资格，除了能降60分录取外，若高考达到清华大学录取分数线还可以获再加20分选专业的"优惠"；姐姐焦宇晨在全国大赛中小学电脑制作中获得二等奖有20分加分，还通过了清华大学自主招生考试，获得了录取时降20分的"优惠"。

焦宇晨、焦宇晓语录摘抄：

（1）"暑假不是用来休息的，是用来反超的。不要说什么"只要有1%的希望，就要尽100%的努力"，即使是0%的希望，也要尽120%的努力。不坚持到最后，你永远不知道自己会不会成功。上了高中，我们的注意力逐渐转移到成绩上，高分对我们有极大的吸引力，与分数相比，电视、电脑、手机、iPad对我们全都没有诱惑力。不忘初心，可能有很多事情会干扰你，但你自己要坚定。从外地比赛或培训回来，如果是在上学期间，我们从来不会先回家，而是下了车就直接去教室；每个大年三十，我们吃完了饺子就看书；大年初一当鞭炮声响起的时候，我们还在做题；除了要输液，我们没请过一天的病假，即使是输液，我们也会在输完液之后立即赶到学校，哪怕还有最后一节课；有时在外出培训的路上，我们也依然在看书。珍惜时间，注重效率提高成绩无非就是靠时间和效率。对我们而言，一天只有四节课：上午、下午、晚自习和回家后的自习。你可能看不起那些零碎的时间，但下面的数字可能会让你大吃一惊，让我们来算一下。9个课间90分钟，中午饭后午睡前大约30分钟，上、放学等车以及在车上的时间大约40分钟，下午2：10之前大约15分钟，晚饭后大约35分钟，共3.5小时，比一个晚自习的时间还长！还有，平时走路快一点，边走边思考下一步的学习计划或不懂的题，吃饭、睡前不磨蹭等，都可以节省出不少的时间。那些晚上熬到一两点，自以为自己很努力的同学，请问问自己，白天这

些时间是否充分利用了？你是否在期末考完后只期待着放假而丢开了课本？如果这些时间你不能好好地把握，那你晚上熬得再晚又有什么作用呢？也有一些同学可能觉得自己也没有浪费时间，一天到晚一直坐在那里，但成绩依然不理想。那是因为你没有时刻保持紧张。既然坐在那里，就要向你坐在那里的每一分钟要效率，比如课间，同样是10分钟，有人做了5道题，有人可能只做了2道题，假想一下，如果把它放到自习课上，你能做多少；如果把它放到考场上，你又能做多少。很多人坐在那里真的只是坐在那里，这样即使你在那儿坐一天，又有什么意义呢？"

（2）基础不牢，地动山摇。"不要因题太简单就放过，不要觉得课余时间少就舍不得拿出时间做简单题。"

（3）拉开我们差距的就是课堂。"不要过于自信，不要觉得自己一听就懂，一看就会。不要看不起老师强调的那些貌似愚蠢的错误。相信自己不会犯错的人其实恰恰是犯错的人。相信你的老师，不要整天牛气冲天，自命不凡，看不起老师，看不起同学，只认为老子天下第一。这样的人可能学得不差，但永远不会是最后的赢家。所以说149与150是有本质区别的，如果你总是有那样的心态，那你永远无法跨越149的坎儿。"

（4）独立思考。"清华大学饭桌上有这样的话：'只要方法正确，总会有突破瓶颈，柳暗花明的那一天。'那为什么有些同学看起来付出很多，却成绩平平？是缺少天赋吗？那都是借口，很大程度上是因为他们没有意识到思考和回顾的重要性。他们要么一天到晚忙着做题，要么一天到晚忙着问题，花了大量的时间和精力，做了表面功夫，但没有丝毫效果。因为他们永远在接受别人的思想，没有内化为自己的东西，题目一旦发生变化，就现出了原形，越学越吃力，最终往往会归结于自己太笨而放弃。"

同学们，走到生命的哪一个阶段，都该喜欢那一段时光，完成那一段该完成的职责，顺生而行！不管正在经历怎样的挣扎与挑战，我们都只有一个选择，那就是：虽然备考过程是痛苦的，却依然要快乐，要相信学校、相信老师，更要相信自己能够通过拼搏拥有更美好的未来！

# 在追梦路上遇见最好的自己

## ——在桂城中学2019届高三"百日誓师"大会上的讲话

同学们:

下午好!一路走来,我们踏过坎坷书山,渡过茫茫学海。十二载的寒窗苦读,让我们坚定了心中的梦想。今天,距离高考只剩下一百天了!

在这难忘的时刻,想和大家分享我的感受,我发言的主题是《在追梦路上遇见最好的自己》,我想与大家分享三个故事。

### 一、安徽白卷考生,十年后再次高考报名

徐孟南,1989年出生于安徽省亳州一个农村家庭。他的父母共有四个孩子,读书成了他未来能出人头地的一个最重要的选择。但在高二的时候,他迷上了韩寒,成了超级的韩丝:痴迷韩寒的个性,崇拜韩寒的蔑视高考,希望成为教育改革的另类网红。于是,他年少气盛,青春叛逆,在2008年的高考中,他用自己宝贵的高考试卷展示了他的玩世不恭,故意在每张试卷的答题卡上面写了以下文字:"我的名字叫徐孟南,我的考号是×××,自己的理想是希望高考能得0分。"

就这样,徐孟南在他的试卷上写满了自己的所谓教育宣言,梦想通过这个举动拯救天下的万千学子,同时也想表达他对现行中国教育制度的极度不满,从而引起社会的高度关注。

高考结束后,他还主动打电话邀请记者采访他本人,大肆宣扬自己不考试的理念。但这只是昙花一现,最终他以总分163分"成功"地错失了上大学的机会。他一时的冲动,最终让父母、老师失望了,令自己也失落了。在往后的几年,他也曾想过复读,并再次参加考试,但因为种种原因,都未能如愿。

十年来,他形容自己的生活状态,与他当年的高中同学相比,他的人生是

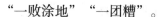
"一败涂地""一团糟"。

十年来,他辗转各地打工,做过流水线的工人,替亲戚打理过广告牌匾制作生意。2012年,年仅23岁的他结婚了,几年后又离异了,独自带着孩子生活。十年的艰辛打工生活,让他深深地体会到在当下的中国乃至世界各国,拥有一个高学历的重要性,更明白了知识的重要性和奋力拼搏的重要性!

于是,为了人生不再留下遗憾,他鼓足勇气,以积极的心态重返2018年的高考考场。2018年3月,他参加了安徽省普通高校分类招生考试;5月,他被安徽一所大专院校录取。后来,有记者追访了他,他感慨地说:在当下的中国,对于大多数人而言,高考仍然是你改变人生的唯一出路!

他在警醒同学们:青春可以叛逆,但万万不能错失高考良机!人生是分阶段,一步一步走过来的,什么时候该做什么事,要走稳、走好,特别是关键的那几步,只有轮回的四季,没有轮回的人生!

## 二、安徽省六安市毛坦厂中学"惨无人道"的背后是"尊严"二字

安徽省六安市毛坦厂中学,被称为亚洲最大的高考加工厂(注:学校每年上万人参加高考)。每年的8月,有众多的大巴、小轿车带着数万的学生来报名上学,他们都是复读生,他们就像刚被锤炼不久的普通钢铁,被拿到老师傅的手里准备重新加工,锻炼成宝剑,期待在来年的高考绽放光彩!用餐时间,校门口那些蹲着吃饭的学生成了当地一道亮丽的风景线,那是为了节省回家吃饭的时间;他们中午在课室自习,那是为了节省午休来回路上的时间;他们还能把市场上的所有试卷都做遍。镇上没有娱乐设施,学校里的学生与手机等电子产品绝缘,他们被称为教育界一面惨无人道的旗。但无数贫寒的学子和所谓的失败者,却在所谓惨无人道的生活里想尽一切办法,挤进这个梦想的学府!

同学们,青春不拼,更待何时?我们想想:其实"惨无人道"的背后,蕴含的却是"尊严"两字!每一个从毛坦厂中学走出来的同学,都把自己在毛坦厂拼搏的那段难忘经历当作人生最宝贵的财富。因为,他们在那里学会了追梦,学会了拼搏,敢于超越自己!

我不是为毛坦厂中学做广告,更多的是赞赏他们不服输的气魄!我是想与同学们共勉:尽管毛坦厂中学在安徽的六安市,但我们的独木桥上也有一群像

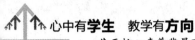

毛坦厂中学一样的"战士"在虎视眈眈！那么，你是否有能力、有决心战胜这群"战士"？

### 三、学霸的笔记能卖，你的笔记能看吗？

同学们，认真做笔记，其实就是在认真地梳理知识，好的笔记不但让你当堂掌握课堂知识，更是为你在课后复习节省更多的时间。学霸的笔记能在网上畅销，你的笔记自己能否看懂？或者说，有的同学根本就没有笔记本，这就是差距所在！

同学们，我们不妨静心反思：为什么有着相同的时间、相同的老师、相同的环境、相近的智商，学习结果却截然不同？懒惰，是否就是造成你现状的罪魁祸首？没有完整的、经过自己精心整理的笔记，是否就是你的缺陷？没有明确的奋斗目标，浑浑噩噩，是否就是你一贯的学习状态？

这是在警醒同学们：要高效学习，绝不能让最有效的做笔记方法在你的学习中只是个传说！

同学们，高考给我们留下了一百天的时间去努力！

一百天很短，在生命的长河中就如同沧海一粟；一百天又很长，长到足以改变我们的人生。在此，我向同学们提几点建议：

**1. 用信念点燃希望，绝不轻言放弃**

最后一百天是苦的、累的，因为还有许多试卷等着我们去解答，有许多的知识等着我们去记忆。可是，学习越艰苦，就越不能放弃。苦过的甜，才能甜得更久。想想父母的倾心付出，我们怎能舍得置之不理？想想老师的谆谆教诲，我们怎能忍心让他们失望？想想自己十多年的学海生涯，我们怎能就此甘心失意？

当然，每个人都有做不完的事情，但每个人都有难以想象的潜力和宽广的进步空间。不要因为目前的成绩处于低谷而担心和自卑，要相信，命运给你一个比别人低一点的起点是想要让你用一百天的时间去创造一个绝地反击的神话！

这个神话就是关于奋斗、关于梦想、关于勇气、关于坚持的，当然也关于高强度的冲刺刷题！

这个神话是挑灯夜战，学霸称号终属你！

这个神话是你追我赶，四海名校任我选！

**2. 静心专心潜心**

高三复习是一项高强度的脑力活动，保证复习效果的核心就是"专心"。几十号人一个教室，不"静"无以治学，不"静"无以沉思，不"静"一无所获。所以，请同学们尽力做到"走路轻一点儿，关门慢一点儿"，我们的环境需要"静"，我们的情绪更要"静"。

不要抱怨自己已经失去了做题的热情，高三需要的不仅仅是热情，而是毅力！

不要让心态消耗了你大量的精力，高考需要的，除了心态，更重要的是实力！

不要追问怎样在作业超多的情况下选择完成，在你真的怎么拼命也做不完作业的时候，你就知道该如何做出理性的选择！

不要在复习的时候担心效率问题，在你专注做了以后，效率总会在某次考试中呈现。

更不要习惯于假设"如果当初"，要学会跟自己说"既然如此"和"那么以后"。

当下，我们要学会珍惜时间，课堂上用你渴求知识的双眼替换睡觉的念头；自习课上用投入每道题的思考替代左顾右盼和说废话的行为；有针对性地弥补自己的不足，多问多写多做，这才是王道！

在理科学习上：要巩固、加强基础题，熟能生巧，掌握技巧性解题，培养对综合题的理解与联想串通；在文科学习上，要扩充自己的阅读量，开阔视野，把语言点、知识点融于实践，举一反三。

我们更要有计划地跟着老师的节拍走，把握好节奏，平实严谨，让脚步更加坚定，让进步更加显著。

最后，我还想说的是：最美的春天不在自然界，她蕴藏在同学们的心中。

2019的春天，又是一个红棉绽放、千帆竞发的新起点，让我们以必胜的信心、扎实的作风、坚韧的毅力和辛勤的汗水，共铸桂中的新辉煌！

我坚信：今年的6月，硕果会更加丰盈；今年的6月，笑脸将更加灿烂！

# 争做出彩桂中人

## ——在2019届"领航班"会议上讲话

同学们:

今天,桂城中学2019届高三"领航班"正式开班啦!

## 一、何谓"领航"?

我的理解:"领航"就是要"书写崇高的信念,敢于创新争优,敢于超越梦想,能够成就典范"。

## 二、为什么要开设"领航班"?

他山之石,可以攻玉。

### (一)个案一

#### 1. 黄同学的基本情况

性别:男;性格:开朗、上进心强、吃苦耐劳,但有点自大;爱好:初中时曾是电玩的超级玩家;能力与特长:有领导才能,组织协调能力强,人际交往能力强;学习:高一入学成绩居班级66名(全班66人);家庭条件:家庭条件较好,没有经济压力。

#### 2. 黄同学的职业生涯规划

职业理想:计算机相关企业老板;目标大学:华南理工大学计算机专业;学业目标:班级前三;依据:性格、爱好,家庭没有经济压力,可以放胆拼命干,计算机相关行业是新兴产业,具有远大发展前途。

#### 3. 行动措施

高中阶段:以积极的态度努力学习,冲刺理想大学;大学阶段:以刻苦钻研的精神,提高自己的专业技能;毕业后前五年:以谦虚的态度,在企业中学习技能，积累管理经验；毕业五年后：抱着必胜的信心，开创自己的企业。

**4. 以积极的态度，冲刺理想大学**

5：40—6：15起床读英语　　　　16：55—17：30冲凉洗衣服

6：15—6：35吃早餐　　　　　　17：30—17：50晚饭

6：35—7：00复习物理　　　　　17：50—18：50复习数学

7：00上早读（复习该科）　　　18：50—19：20晚读（复习该科）

12：05—12：20做作业　　　　　19：20—20：30完成作业

12：20—12：40午餐　　　　　　20：45—21：30复习物理、化学

12：40—13：30午睡　　　　　　21：30—22：10复习语文或英语

13：30—14：10复习化学

（1）高中阶段：以积极的态度，考取理想的大学。

1998年，以全班第一名成绩考入华南理工大学计算机系。

（2）大学阶段：以刻苦钻研的精神，提高自己的专业技能。

2002年，毕业于华南理工大学计算机系，获得优秀毕业生称号。

（3）毕业后前五年：以谦虚的态度，在企业中学习技能、积累经验。

2002年，就职于深圳七喜电脑公司。

（4）毕业五年后：抱着必胜信心，开创自己的企业。

2006年，离开高薪的七喜公司，创办自己的网店，建立自己的电商公司。

**（二）案例**

马同学：2003年，南海中学高中毕业后考进南京河海大学法律系；本科毕业后考进上海华东政法大学读研究生。读研期间，边挤时间去律师事务所兼职（年薪20多万），边义务帮助导师起草法律专著的框架，研究生毕业导师直接保送他读博士；博士毕业后被一所央企看中，专门负责风险投资管理（因他专业是经济法）。2017年7月，马同学被提拔为高管，年薪156万。

黄同学、马同学的奋斗历程对我们的启示：

一是努力不怕迟；

二是人生必须有规划；

三是必须有效管理自己的时间；

四是考取名校与非名校，人生的格局往往就不一样，当今的中国还是一个学历的社会；

　　五是要学会调整自己的心态，凡事不能太计较。

　　一本名为《计较是贫穷的开始》的书中讲述了这样一个故事：周春明，一位中国台湾省的出租车司机，曾经是中年失业的一族，但他在多方帮助下，历经转业和自我努力，创造了两个台湾省第一：第一位被台湾省著名的《商业周刊》报道；被两百多位教授和老板排队指名服务的出租车司机。第一位应国际著名企业，如台湾南山人寿等多家企业邀请去做演讲的出租车司机。

　　周春明的成功机遇源于一次赔钱的生意。在其他的司机都不愿意的情况下，他却秉承"不计较的心态"运送一位客人，并同时认识了另外两位拼车的乘客。在赔钱的情况下，周春明还主动给三位乘客购买了矿泉水，这一举动深深感动了其中一位女士，她主动给周春明介绍客源，并一传十，十传百……就这样，这瓶价值20元的矿泉水，为周春明带来了一个模范服务的口碑，让客人们感受到了周春明与其他出租车司机的差异。透过这些服务，更多的乘客变成了周春明事业中的助缘，并为他编织了一个庞大的客源网。

　　后来，周春明出版了一本书叫《计较是贫穷的开始》剖析自己的心路历程。周春明在书中写道："计较，是人性的缺点，它让我们失去太多宝贵的东西。一个快乐的人，不是因为他拥有的多，而是因为很少去计较；一个事事都计较的人，他失去的不仅仅是快乐，还有更珍贵的东西。特别是对于金钱的计较，当一个人和钱斤斤计较的时候，钱也会和你斤斤计较，所以我们要看得很开。当你不是为了钱而活着的时候，你才可能获得更多的钱，金钱仅仅是成功的附带品罢了。与之相反，不计较，则可能让人拥有许多宝贵的东西，这些都是无法用金钱去衡量的！"他还写道："做人不要太计较，努力改变自己，努力喜欢你周围的每一个人，这样别人才会喜欢你。对于每个人来讲，如何让别人喜欢你，这非常重要。我强迫自己喜欢我周围所有的人，这个很难。因为过去我不喜欢他，现在让我去喜欢他，刚开始我心里承受不了；但我强迫自己去寻找对方有些什么优点，慢慢地就变成一种习惯，看到一个人就先去发现他的优点，只看他的闪光点，我们就会变得不再计较！"

　　同学们：试着幻想十年后的自己……

# 争做一位出彩的时间会计师

同学们：

满打满算，今天离高考只有269天了。我认同一句话："越努力，越幸运！"

目前，仍有部分同学的自习课学习状态令人揪心，给人的感觉是在游戏人生！

## 一、算一笔"自习时间"账

周二下午第8节至周五下午第8节，合共4节

周六下午3节

周日上午第3节课全级自习

周一至周日晚修（约5.5节／晚）折算为38.5节

总计：每周累计：48.5节自习

## 二、自习课是课堂的一种重要形态

在自习课堂上，做作业仅是同学们的学习任务之一，在这段宝贵的时间中，你还要整理课堂笔记；你还要对原先学过的、刚刚学过的知识进行反刍，梳理归类；你还要修补薄弱章节；你还要预习即将复习的下一课知识……

你要做的事情实在是太多了！

小学、初中，很多同学已习惯了老师帮自己安排好的学科分段，失去了自主规划的能力。对注意到同学来讲，没有了作业做，似乎就没有了学习任务。

还有些同学厌烦了读书生活，对堆积如山的作业干脆采取了放弃的态度。自习课偷偷溜出课室叫外卖，躲到厕所里或小树林玩手机、抽烟、聊天、听音乐、天马行空地回想让自己兴奋的事情，如球赛、网络游戏、八卦杂志、最新的时尚元素、"高富帅""白富美"的男女明星们、拍拖。

同学们，在高考竞争如此惨烈的今天，学校要向你们大声地呼吁：赶快修

复读书的欲望与心情，校正那些不良的习惯，强化自己的学习定力，优化个人的意志品质，这是当下自习课堂的首要任务！

优秀人群的共同点：善于管理自己的时间。

例如，清华学霸姐妹花，马冬晗、马冬昕姐妹俩在清华硕博连读。

马冬晗是清华大学本科特等奖学金得主，这是清华大学授予学生的最高荣誉！

她亮出成绩单最低分是95分（百分制），还有一份详尽到每个小时的计划表，学习、活动两兼顾，不仅让清华学子哗然，也让社会各界惊叹，称她为"清华学霸"。

这都不够"霸气"，因为她有一个同获此奖项并当选北京海淀区人大代表的双胞胎妹妹马冬昕。

盘点马冬晗的"光辉学史"：三年学分总成绩居班级第一；科研、竞赛获奖达28项；还担任系各类球队队长；跑马拉松、主持晚会、诗歌朗诵。有人调侃她是"全能女神"，尤其是她那张密密麻麻的周计划表，成了同学膜拜的"神器"：她把每天的时间切割到每一个小时，何时做微积分习题，何时开班会都精确到分钟，连午休那一个钟头都能挤进去两三件事，睡觉只留了5个小时。

### 三、向追求卓越的同伴学习

南海某精品高中优秀生的一天：

**1. 5月18日（周一）上午**

6：10—6：30（背政治）

早读：笔记

第1节：上课（历史）

第2节英自（30min阅+信匹15min总结语法）

第3节英自（30min总结语法填空+15min完形填空）

第4节：上课（数学）

第5节：上课（政治）

**2. 5月18日（周一）下午**

14：15—14：30（背历史）

第6节：上课（地理）

第7节：语自（15min成语+30min古文×1；病句×3）

第8节：数学限时练

第9节：跑步

**3. 5月18日（周一）晚上**

6：00—6：30（背地理）

晚读：历史

19：15—19：25（语法运用1篇）

19：25—20：15（数学错题今日重温）

20：15—20：30（成语）

20：40—21：15（看易错知识点）

21：15—22：00（综合科复习整理）

22：00—22：10（虚词）

22：10—22：30（报纸）

**4. 2019高考冲刺某卓越高中的豪言壮语**

屏蔽1～2人（省前20名）

北大、清华：10人

40%同学达到"双一流"分数线

95%同学上"高分优线投档线"

100%同学上本科

**5. 2019高考冲刺某精品高中的目标**

全面超越顺德一中

誓超2018届

口号：2019·争创一流！

同学们：让我们争做"学识与人品齐进，激情与睿智同行"的桂中人！

# 高效自习是决胜高考的重要法宝

同学们：

今天与大家分享一个观点：高效自习是决胜高考的重要法宝。

## 一、名人看上学

田北辰，父亲是香港纺织界"一代裤王"，母亲是香港江南四大家族荣氏家族后人。他本人是哈佛大学工商管理硕士，纵横二千集团（G2000和U2服装）品牌的创办人和主席，拥有千家分店，现任新民党常务副主席。

田北辰说："社会在极严厉地惩罚读不成书的人！"

近日，田北辰体验清洁工的身份，工资是每小时25港币，每天的生活费50港币，住在只有15平方米的"豪华笼屋"，类似于北京的蚁居，月租1350港币！拿最低的回报，吃最便宜的饭，却要工作17个小时。临睡前他想起自己还不知道上班的路线，去地铁站问询才得知坐地铁上班来不及，而通宵巴士需要13元，以他每天50元生活费根本负担不了。

**他的感受：**日常的交通费扼杀了穷人的生存空间！

在体验过程中，他的清扫速度远远低于正常清洁工的速度，原本两个小时要清扫10个垃圾桶，结果却是半个小时才清扫了两个，被同事催促快一点。好不容易熬到中午吃饭，但他只有15元的预算，大部分的饭要20元都买不起，好不容易找到了可以买的饭，坐在街边的楼梯上就着白开水。他感慨：以前都是喝红酒，这辈子从未尝试过在便利店买不到自己想买的东西。以前八九点才开工，总是前呼后拥，现在吃完饭，只能在躺倒在街边的花坛上休息。

**他的感悟：**要珍惜当下。

目前，部分同学的自习课学习状态令人揪心，给人的感觉是在游戏人生。

## 二、与名校面对面：走进名校——郑州外国语学校

### 1. 2017年高考录取榜

| 学校 | 录取人数 | 学校 | 录取人数 |
|---|---|---|---|
| 清华大学 | 31人 | 北京航空航天大学 | 26人 |
| 北京大学 | 26人 | 北京师范大学 | 24人 |
| 浙江大学 | 19人 | 中国科技大学 | 32人 |
| 中国人民大学 | 14人 | 北京外国语大学 | 23人 |
| 复旦大学 | 16人 | 上海交通大学 | 37人 |
| 南京大学 | 16人 | 厦门大学 | 89人 |
| 武汉大学 | 36人 | 中央财经大学 | 14人 |
| 中国政法大学 | 4人 | 对外经济贸易大学 | 15人 |

### 2. 国外一流名校

美国斯坦福大学、美国麻省理工学院、美国康奈尔大学、英国帝国理工学院、澳洲墨尔本大学、澳洲悉尼大学、香港中文大学、香港大学、香港科技大学、新加坡国立大学……

### 3. 郑外印象

漫步在郑州外国语学校的校园中，印象最深刻的要数同学们在自习课堂上自律、专注的身影，尤其是他们近年来提出的让自习课"零抬头率"的做法，在全国引起了强烈的反响。

自习课是课堂的一种重要形态！

衡水一中张文茂校长的开学致辞说："天将降大任于斯人也，必先卸其QQ，封其微博，删其微信，取其贴吧，收其电脑，夺其手机，摔其iPad，断其Wi-Fi，剪其网线，使其百无聊赖，然后静坐、喝茶、思过、锻炼、读书、弹琴、练字、明智、开悟、精进，而后必成大器也。"

郑州外国语学校优秀学子的行动：

（荆华考入清华大学）："准备学校保送生选拔期间，我做完了大学六级真题，背完了四级单词，六级词汇也翻了一半；在准备清华大学保送时，我重点做了英语专业八级的真题。我最终能走进清华，坚持不懈的英语攻关功不可没！"

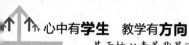
（李锐考入北京大学）："放弃保送生资格，执着追求自己的梦想，每天沿着校园跑道十三圈的长跑，每一步都是不放弃的宣言。"

（杜奕嘉考入清华大学）："高三，只相信你流的血汗；嘲笑用功的同学，只是你害怕和他们一样努力仍然追不上；总是被环境左右的人心如子弹一般小，叩响怨天尤人的扳机，射穿自己，也射伤别人；只有想不到，没有做不到，蹦一蹦，说不定就到；请教的时间不要多于思考。请教前先想，我能否自行解决基础的问题；请教后更要想，我是否真正理解别人的意思，而不是机械重复人家说过的话。想完再吃透问题，琢磨思路。一味奔波在座位和讲台，办公室间，只能是"行走的问号"；当有些人不看好你时，你更要看好你自己。"

（马博文考入北京大学）"新高一开学前，由于对物理有浓厚兴趣，我报名参加了物理竞赛班选拔考试，并如愿以偿。从此，周末、节假日，别人放松的时刻，我们在冷清的校园里伏案苦读。

"学校运动会期间，操场上热闹非凡，加油喝彩、欢声不断，我们在课室力抗干扰，专心致志书写考卷。

"正月十五闹元宵，别人合家团聚，我们在异地他乡接受严格的竞赛培训；七月酷暑，别人在空调房里享受凉爽，我们在河南大学简陋的教室里汗流浃背地操作实验；多少个夜晚，别人已酣然入梦，我们还在挑灯夜战……"

大量实践表明，学业成绩的好坏在很大程度上取决于个人的意志品质和优秀的学习习惯。

大凡学习成绩优秀的人，都具有坚毅的意志品质和良好的学习习惯。有个词叫"孜孜不倦"，我理解这里的"不倦"是指不厌倦而不是不疲倦。学业成绩好的人，学习的耐力长久，不容易疲倦。而学习的耐力和不改初衷的执着是学习意志品质的表现，一个人只有具备了良好的意志品质，才会做到废寝忘食。

有人说"有什么样的土地就有什么样的民族"。我斗胆说一句："有什么样的自习课，就有什么样的学生。"

在生活中，我们也不难发现：我们身边许许多多学业成绩不理想的同学，输就输在了这自习课上面，他们大都是不会充分利用自习课的人，尽管他们一样的聪明，一样有着很强的接受能力……

我坚信：如果说分数透视出的更多的是一个人的应试能力，那么，自习课透视出的才是决定一个人未来发展的素质！

　　高效的自习课，里面坐的人将来一定是职业、事业的成功者！因为他们有修养有定力，有自己掌握命运的底气！

　　教育家张伯苓的一句话，一直鞭策着我的工作与生活："人生当如拉马车之马，左右两眼被蒙着，只许往前走，而前面又是走不完的路……"

　　同学们，在自习课堂上，我们又何尝不需要蒙上左右两眼？只有达到这种学习境界，我们才能沿着学习的方向一直往前冲，但蒙眼的责任主要是靠同学们自己。

　　同学们：让我们都学会上自习课，从自习走向成功！

## 三、结束语

　　再长的路，一步一步也能走完；再短的路，不迈开双脚也无法到达终点。加油！

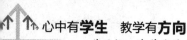
# 孩子的成功是家长最大的幸福

### ——在高三家长会上的讲话

各位家长：

今天，与各位交流探讨关于孩子高考的问题。

## 一、近年广东高考形势

2018年，广东高考总人数高居全国第二位（考生75.8万，文科生34万，理科生34.3万，其余考生为体艺生、3＋证书）；高分优先投档线人数（类似一本）79375人［文：15330（4.5%）；理：64045（18.67%）］；高分优先投档退档466（0.58%）；本科招生28.8万。

**1. 2018年广东高考改革风向标**

（1）合并本科录取批次：将原来一本、二本合并为"本科批次"，设15个院校志愿，每个院校可报6个专业。普高类文、理本科设置高分优先投档线，投档实行院校平行志愿投档模式。

（2）艺术体育类统考院校（专业联考），实行平行志愿录取，从传统顺序志愿投档调整为平行志愿投档。

（3）增加一个不服从调剂专业，考生在服从专业调剂的前提下，可选择一个不服从调剂专业。

（4）关于高分优先投线（二次机会），体现高分高录原则。例如，考生达到高分优先投档线，投档时被投B志愿，但因分数低或专业不服从，被B院校退档。第二次投档时，该考生会与其他考生一起排序投档，不再投B志愿院校；如果达到C志愿院校投档条件，则可投档C院校。

**2. 本科一、二批合并后会有哪些影响？**

受影响主要是"临界"考生，报考空间受挤压，二本院校竞争将会更比以往激烈，一本线临界生可能会选择一本较偏远的学校与冷门专业（如兰州大学），同时也选二本热门学校与热门专业。若一本录不上，也能录到好的二本学校与热门专业。但本科批次合并后，这些考生可能会选择直接报考原二本院校和热门专业保底，这就压缩了原来二本高分考生的报考空间。而分数稍低的考生，因志愿变多，怕滑档，稳妥起见，可能把二本的院校放到前面冲，导致二本的院校竞争会更加激烈！

## 二、近年高等院校招生的新趋势

### 1. 自主招生

简称：631（60%高考成绩；30%学业水平成绩；10%面试成绩）。

高中毕业生通过考核后，提前确定高校的录取名额，并在参加高考后享受降分优惠。

适合群体：①成绩中上。②综合素质特别强。③某一两个科目特别强。④有一定特长，有创新潜质（竞赛、文艺、小发明甚至有专利）。

焦宇晨、焦宇晓双胞胎姐妹双双考进清华大学，高考理科704分和699分。焦宇晓获得清华大学"领军计划"资格，除了能降60分录取外，若高考达清华大学录取分数线还可以获再加20分选专业的"优惠"；姐姐焦宇晨在全国中小学电脑制作大赛中获得二等奖有20分加分，还通过了清华大学自主招生考试，获得录取时降20分的"优惠"。

2018届桂中成功案例：南开大学（降60分录取）；香港中文大学（深圳）；华南理工大学；北京师范大学—香港浸会大学联合国际学院。

3月底前，考生完成申请综合评价招生报名。

### 2. 综合评价招生

综合评价招生不等于自主招生。

综合评价招生：是部分省份实行的综合评价模式。它把考生的综合素质评价、高校的自测评估成绩、高考成绩按照一定比例折算成综合分，最后按照综合分择优录取。

综合评价各高校报考条件有所不同，如会考成绩需要达到A；重点参考学科是什么，各类竞赛、特长需要达到什么水平等都有差别。

**3. 报考港澳学校**

一类：直接通过省考试院报考录取（凭高考成绩，正式填报高考志愿，如香港中文大学、香港城市大学）。

另一类：自己在港澳学校的网上报考（递交资料），不影响国内录取。

报名时间：4月—6月15日。

目前有机构专门做这项服务，但收费较高（1.5—2万中介费）。

共勉：有一位中国电影明星，多年后反思自己对孩子的家庭教育时说了这样的一句话："事业是一种投资，孩子的教育也是一种投资；给别人打工，10年后，事业还是别人的，但投资孩子永远是自己的！"

《人民日报》也说："教育好自己的孩子，是你最重要的事业！"

4

第四章

工作室剪影

# 工作室理念——共享成长发展机遇

2016年4月，经广东省教育厅批准，本人主持的"广东省中小学教师工作室"正式授牌。

喜讯传来，我几多欢喜，几多忧愁。欢喜的是能为广东省的"强师工程"尽绵薄之力；愁的是本人能力、水平的局限，唯恐辜负了上级领导对我的信任，辜负了跟岗学员的期盼！

## 一、工作室的宗旨

共享差异　　　　　　　共绘优质　　　　　和而不同
成就学校　　　　　　　同心圆　　　　　　成就自己

## 二、工作室的研修路径（特色）

### 1. 坚持以问题为导向

在跟岗过程中，倡导学员要始终持有问题意识，要带着问题听课、带着问题到学校参观交流，带着问题讨论与研究。虽然一所学校的名师资源是有限的，但我坚信：名师的智慧是可以辐射与放大的。

### 2. 注重培养实践能力

实践性主要体现在三方面：其一，学习内容的实践性，强调以骨干教师岗位胜任需要的能力为导向。其二，学习场景的实践性，强化基于学校现场、解决实际问题的培训环节。其三，授课老师的实践性，工作室邀请了既有实践经验又有理论水平的一线名师为学员上示范课，开讲座。我很欣赏这样一句话："到一线去发现教育家。"

### 3. 采用体验式培训方式

跟岗培训适当采用了体验式培训方式，学员通过听课、评课、说课、上研究课、课题研究的交流等方式，增强体验，加深印象，更好地学习相关知识和提升能力，更好地在工作中应用。

## 三、工作室的愿景：建设现代教师的成长文化

（1）我们要坚决摒弃落后的成长文化："只有中青年教师需要成长，教师只需要专业成长。"

（2）建设现代教师的成长文化——"人人有成长"，成长具有终身性，不分阶段，不分年龄；"人人能成长"，成长具有多维性，成长的方向不止一个。

（3）精彩从自信起步。

# 广东省高中政治骨干教师（华师班）暨入室学员跟岗培训计划（示例）

（2018年12月3日至12日）

## 一、日程安排

| | | |
|---|---|---|
| 12月2日（星期日） | 1. 跟岗教师到佛山裕杰酒店报到<br>（地址：南海区桂城平西石龙南路7号，桂城中学北侧，电话：0757-81096666）<br>2. 6：30在裕杰酒店大堂集合，前往桂平美食城"典养私房菜"参加欢迎晚宴 | 咨询：李耀永老师<br>接待助理：许家伟 徐玲 |
| 12月3日（星期一） | 1. 上午<br>①8：30—9：30<br>到桂城中学高一教学楼4楼白惠冰工作室参加开班仪式，后全体与会人员到桂城中学"有为"广场拍集体照留念。<br>②10：00—11：30专题讲座<br>（主讲：白惠冰副校长；地点：高一教学楼4楼白惠冰工作室）<br>2. 下午<br>1：40在桂城中学正门集合，与桂城中学政治科组一起前往里水同声小学参观学习，感受学校浓郁的儒家文化 | 吴爱孙老师负责撰写跟岗日志（不少于800字） |
| 12月4日（星期二） | 1. 上午8：45—11：30入室学员说题交流<br>（主讲：白惠冰工作室入室学员，地点：高二教学楼6楼微格教室）<br>2. 下午2：30—4：30专题讲座<br>（主讲：华南师范大学教授；地点：行政楼一楼会议室或小报告厅） | ①范朝阳老师负责写跟岗日志（不少于800字）。②金阿宁老师负责撰写跟岗简报。③钟敏知老师负责撰写跟岗小结 |

续　表

| | | |
|---|---|---|
| 12月5日<br>（星期三） | 1. 上午<br>①第2节（8：25—9：05）到高一（21）班听课（上课教师：叶伟越）<br>②第3节（9：30—10：10）到高一（24）班听课<br>（上课教师：陈敏芳）<br>③10：20—11：20专题讲座<br>（主讲：桂城中学邓健林老师；地点：高一教学楼4楼白惠冰工作室）<br>2. 下午3：20—4：00到高三（16）班听课<br>（上课教师：梅向荣） | 冼宏老师负责撰写跟岗日志（不少于800字） |
| 12月6日<br>（星期四） | 1. 上午<br>①第2节（8：25—9：05）到高三（15）班听课<br>（上示范课教师：高萍；上课地点：高二教学楼6楼微格室）<br>②第3节（9：30—10：10）到高三（20）班听课<br>（上示范课教师：郑爱葵）<br>③第4节（10：20—11：00）安排"同课异构"并评课交流<br>范朝阳老师在高一（17）班上课，课题《经济生活》第11课第一框《面对经济全球化》<br>（上课地点：高二教学楼6楼微格室）<br>2. 下午<br>第6节（2：30—3：10）、第8节（4：10—4：50）由赖艳冰老师、刘作彪老师分别在高一（23）班、高一（24）班上课，课题《经济生活》第11课第一框《面对经济全球化》<br>（上课地点：高二教学楼6楼微格室） | 胡建辉老师负责写跟岗日志（不少于800字） |
| 12月7日<br>（星期五） | 1. 上午安排"同课异构"并评课交流<br>上午第2、3、4节由吴爱孙、陈丽英、甘军三位老师分别在高二（17）班、高二（15）班、高二（18）班"同课异构"，期末复习课，课题：《生活与哲学》第2课"唯物主义与唯心主义"<br>（上课地点：高二教学楼6楼微格室）<br>2. 下午2：40—3：40专题讲座<br>（主讲：李刚毅老师；地点：高一教学楼4楼白惠冰工作室） | 侯跃锋老师负责写跟岗日志（不少于800字） |

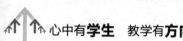
续 表

| | | |
|---|---|---|
| 12月8日<br>（星期六）<br><br>12月9日<br>（星期日） | 1. 周六上午8：30—12：00高考备考专题讲座<br>（主讲：河南省南阳市教研员；地点：行政楼一楼会议室）<br>2. 周六下午、周日全天小组自主学习 | 罗建平老师负责完成第1周跟岗小结（不少于1000字） |
| 12月10日<br>（星期一） | 1. 上午第2、3、4节（8：25—10：10）<br>由冼宏、张玲灵、陈启华三位老师分别在高一（19）班、高一（22）班、高一（12）班"同课异构"并评课交流，期末复习课，课题：《经济生活》第5课"企业的经营"<br>（上课地点：高二教学楼6楼微格室）<br>2. 下午第6、7节（2：30—4：00）安排"同课异构"并评课交流由胡建辉、池方权两位老师分别在高一（106）班、高一（18）班上课；课题《积极参与国际竞争与合作》<br>（上课地点：高二教学楼6楼微格室） | 甘军老师负责写跟岗日志（不少于800字） |
| 12月11日<br>（星期二） | 1. 上午9：30—10：30高考备考专题小讲座<br>（主讲：南海艺术高中龙利兰老师；地点：高一教学楼4楼白惠冰工作室）<br>2. 下午第6、7节（2：30—4：00）安排"同课异构"并评课<br>由侯跃锋、罗建平两位老师分别在高二（22）班、高二（21）班上课，期末复习课，课题《认识运动，把握规律》<br>（上课地点：高二教学楼6楼微格室） | 池方权老师负责写跟岗日志（不少于800字） |
| 12月12日<br>（星期三） | 1. 上午<br>①学员自行整理作业、资料及撰写跟岗总结<br>②9：30—11：00举行结业礼，并上交作业等相关材料<br>（每位学员准备5分钟跟岗研修总结发言，结束后上交电子档）<br>③11：30—13：00举行学员结业联谊餐会<br>（聚餐地点另行通知）<br>2. 午餐后学员返校 | 1. 刘作彪、张玲灵、赖艳冰三位老师组织跟岗学员完成跟岗简报<br>2. 陈启华、陈丽英老师负责撰写跟岗小组总结 |

备注：课程如有变动，以现场通知为准！

## 二、特别安排

12月4日（周二）上午8：45—11：30安排白惠冰工作室入室学员说题交流

**1. 说题内容**

第1组:《经济生活》模块的一道大题

第2组:《生活与哲学》模块的一道大题

第3组:《政治生活》模块的一道大题

**2. 说题分组**

第1组：钟敏知老师、冯立凌老师、杜明坚老师

第2组：潘春桃老师、余光冰老师、梁燕霞老师

第3组：金阿宁老师、林惠河老师、郭溢艳老师

**3. 说题要求**

① 说题时间：15分钟／人（录像要上交）；要求重点：在核心素养背景下命题的依据、命题的意义及实操时的反思。

② 要以高考全国卷题型为风向标。

③ 用PPT展示命题思想。

④ 以小组为单位开展说题，学员互评，名师点评。

**4. 说题评分表**

| 第1组 | | | |
|---|---|---|---|
| 姓名 | 钟敏知老师 | 冯立凌老师 | 杜明坚老师 | 备注 |
| 评分 | | | | |
| 名次 | | | | |

| 第2组 | | | |
|---|---|---|---|
| 姓名 | 潘春桃老师 | 余光冰老师 | 梁燕霞老师 | 备注 |
| 评分 | | | | |
| 名次 | | | | |

| 第3组 | | | |
|---|---|---|---|
| 姓名 | 金阿宁老师 | 林惠河老师 | 郭溢艳老师 | 备注 |
| 评分 | | | | |
| 名次 | | | | |

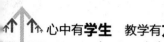
### 三、撰写跟岗日志的要求

安排撰写跟岗日志的老师于当天晚上9：00前写好800字左右的跟岗日志，并发到工作室主持人的邮箱：xqbhb@aliyun.com。

### 四、特别要求

（1）请老师们来跟岗前备好课（命好题），制作好PPT，做好上课（说题）准备。

（2）来跟岗前写好开题报告，做好开题报告的PPT（可用已有课题做创新修改）。

（3）自带手提电脑、U盘及简单的生活用品。

### 五、跟岗教师名单

#### （一）2018年12月广东省骨干教师培训（高中政治）

| 序号 | 地市 | 姓名 | 单位 | 性别 | 电话 | 备注 |
|---|---|---|---|---|---|---|
| 1 | 韶关 | 吴爱孙 | 仁化县仁化中学 | 男 | | |
| 2 | 梅州 | 范朝阳 | 五华高级中学 | 男 | | |
| 3 | 阳江 | 冼宏 | 阳春一中 | 男 | | |
| 4 | 韶关 | 胡建辉 | 韶关市田家炳中学 | 男 | | |
| 5 | 顺德 | 陈启华 | 顺德勒流中学 | 男 | | 班长 |
| 6 | 湛江 | 赖艳冰 | 遂溪县大成中学 | 女 | | |
| 7 | 湛江 | 侯跃锋 | 湛江农垦实验中学 | 男 | | |
| 8 | 茂名 | 甘军 | 信宜市第二中学 | 男 | | |
| 9 | 茂名 | 池方权 | 信宜中学 | 男 | | |
| 10 | 清远 | 罗建平 | 英德中学 | 男 | | |
| 11 | 茂名 | 张铃灵 | 茂名市第五中学 | 女 | | |
| 12 | 肇庆 | 陈丽英 | 肇庆高新技术产业开发区大旺中学 | 女 | | |
| 13 | 顺德 | 刘作彪 | 佛山市顺德区龙江中学 | 男 | | |

（二）2018广东省白惠冰名师工作室入室学员信息汇总表

| 序号 | 地市 | 姓名 | 单位 | 性别 | 电话 | 备注 |
|---|---|---|---|---|---|---|
| 1 | 佛山 | 高萍 | 桂城中学（科组长） | 女 | | 中一 |
| 2 | 佛山 | 梅向荣 | 桂城中学 | 女 | | 中一 |
| 3 | 佛山 | 李刚毅 | 桂城中学 | 男 | | 中一 |
| 4 | 佛山 | 林惠河 | 桂城中学 | 女 | | 中一 |
| 5 | 佛山 | 钟敏知 | 南海中学（科组长） | 女 | | 中一 |
| 6 | 佛山 | 潘春桃 | 南海一中（科组长） | 女 | | 中高 |
| 7 | 佛山 | 金阿宁 | 执信中学（备课组长） | 女 | | 中一 |
| 8 | 郁南 | 冯立凌 | 郁南县西江中学 | 女 | | 中一 |
| 9 | 新兴 | 余光兵 | 新兴县华侨中学 | 男 | | 中一 |
| 10 | 云浮 | 杜明坚 | 云浮市邓发纪念中学 | 男 | | 中一 |
| 11 | 高明 | 郭溢艳 | 高明一中 | 女 | | 中高 |
| 12 | 三水 | 梁燕霞 | 三水实艳中学 | 女 | | 中二 |
| 13 | 佛山 | 徐玲 | 桂城中学 | 女 | | 助手 |
| 14 | 佛山 | 许家伟 | 桂城中学 | 男 | | 助手 |

正班长：高萍　副班长：钟敏知　宣传委员：金阿宁　生活委员：潘春桃

## 六、温馨提示

（1）华南师范大学派出的跟岗学员必须全程参与培训活动（12月3日至12日）。

（2）白惠冰工作室入室学员：

① 南海区入室学员：必须参加12月3日（周一）下午至12月4日（周二）活动；其余活动可根据自己的实际情况灵活参加。

② 南海区外的入室学员：12月2日（周日）下午6：00前报到，参加12月3日、4日的活动，其余活动根据自己的实际情况灵活参加。

（注：路途远的学员可提前一个晚上到校报到，工作室负责安排食宿，学员不用付费，来往交通费回本单位报销）

## 七、桂城中学上课时间表（白天）

| 上午 | | 下午 | |
|---|---|---|---|
| 早读 | 7：00—7：25 | 第6节 | 2：30—3：10 |
| 第1节 | 7：35—8：15 | 第7节 | 3：20—4：00 |
| 第2节 | 8：25—9：05 | 第8节 | 4：10—4：50 |
| 第3节 | 9：30—10：10 | 第9节 | 自由活动 |
| 第4节 | 10：20—11：00 | | |
| 第5节 | 11：10—11：50 | | |

## 八、桂城中学用餐时间

早餐：6：40—8：00

午餐：11：30—12：30

晚餐：5：20—6：00

## 九、跟岗作业以个人的名义命名，单独设立文件夹，打包上交，格式见附件

跟岗培训计划书：

（一）研修特色

1. 坚持以问题为导向

在跟岗过程中，学员应始终持有问题意识，要带着问题听课，带着问题到学校参观交流，带着问题讨论与研究。

2. 注重培养实践能力

实践性主要体现在三方面：其一，学习内容的实践性，强调以骨干教师岗位胜任需要的能力为导向。其二，学习场景的实践性，强化基于学校现场、解决实际问题的培训环节。其三，授课教师的实践性，邀请既有实践经验又有理论水平的一线名师为学员上示范课，开讲座。

3. 采用体验式培训方式

本次跟岗培训适当采用了体验式培训方式，通过听课、评课、说课、上研究课等方式，增强体验，加深印象，更好地学习相关知识和提升能力，更好地

在工作中应用。

（二）考核评价

根据《广东省教育厅办公室关于在2018年开展入室学员跟岗学习的通知》（粤教继办函［2018］2号）要求，所有学员要完成以下学习任务：

（1）教学实习：听评课、上课（说课、说题）。

（2）确定教育教学研究内容并开展研究工作，提交研究具体方案（即开题报告）。

（3）撰写读书笔记，开发优秀课例（含教学设计、学案和上课录像），并根据该课例撰写教学反思。

（注：学员到桂城中学微格室上课、说课、说题会自动录像）

（4）撰写阶段总结（跟岗学习的体会和收获）。

（5）做好阶段考核。

（6）每个跟岗阶段结束前，各个跟岗小组至少制作跟岗简报1期及总结1份。

（7）跟岗期间所有作业和资料提交工作室，同时自己保存一份，待结业时作为结业材料提交给广东省外语艺术职业学院。

（三）纪律要求

学员原则上不得请假。如有特殊原因确需请假，请报广东省教育厅教师继续教育指导中心批准，没有请假或未准假而不来跟岗者，一律按旷课处理。

附表：广东省白惠冰名师工作室特聘指导老师通讯录

| 姓名 | 工作单位 | 职务 | 联系方式 |
| --- | --- | --- | --- |
| 陈友芳 | 华南师范大学 | 院长 | |
| 陈贻宇 | 南海区教育局 | 教研室副主任高中政治教研员 | |
| 丁挥 | 佛山市第一中学 | 工会主席、文科党支部书记 佛山大学硕士兼职导师 | |
| 游卫华 | 石门中学 | 政治科组长 | |
| 暨丽华 | 石门中学 | 高三备课组长 | |
| 甄秀芳 | 南海中学 | 南海区骨干教师备课组长 | |
| 蒙锦红 | 南海中学 | 南海区骨干教师、团委书记 | |
| 陈敏芳 | 桂城中学 | 学校骨干教师 | |

续 表

| 姓名 | 工作单位 | 职务 | 联系方式 |
|---|---|---|---|
| 陈咏梅 | 桂城中学 | 高二政治备课组长 | |
| 李骏 | 石门狮山高级中学 | 南海区骨干教师、德育处主任 | |
| 龙利兰 | 南海艺术高中 | 政治科组长 | |
| 陆洁容 | 西樵高级中学 | 高三政治备课组长 | |

# 2016年广东省白惠冰名师工作室
# 跟岗学习活动简报一

2016年11月20日，我与广东省中小学骨干教师省级培训工作室跟岗学员相聚在美丽的南海桂城中学，开始了为期14天的跟岗学习。

## 一、11月21日（星期一）

上午，我带领全体学员前往南海华师附中，听取了江苏省特级教师王恒富老师开设的一场题为《学科核心素养暨二轮复习备考》的专题报告。王老师用了整整一天时间，从近三年全国卷及广东卷的共同点入手，结合核心素养的要求，详细阐述了2017年高三政治备考的策略。讲座结束后，我与学员一起进行了深入的讨论，经过对全国卷政治高考的仔细分析，使学员对高三政治的备考有了更进一步的认识，对日后的工作有很大的启发。

王恒富老师开展讲座

## 二、11月22日（星期二）

2016年11月22日上午（星期二），我与工作室全体学员驱车前往佛山南海石门中学观摩学习。我们深入课堂，听了两节课，一节是游卫华老师的高三"一轮复习"课，课题是《政治生活第一单元》；另一节是暨丽华老师上的高二级新授课，课题是《生活与哲学》的第一课。课后，在石门中学会议室，石门中学政治科组、桂城中学政治科组及全体学员进行了研讨与交流学习，我在研讨会上做了详细的点评，并提出了教学中值得探究的地方，大家都深深感受到"研教"带来的收获是很难用语言来表达的。

游卫华老师在上课

暨丽华老师在上课

石门中学政治组、桂城中学政治组及工作室学员研讨交流现场

2016年11月22日下午（星期二），在桂城中学的会议室里，我与工作室全体学员一起聆听了两个讲座，一是桂城中学政治科组长高萍老师做的题为《浅谈核心素养框架下情境设置》的专题讲座；二是桂城中学高三级陈敏芳老师做的题为《2016届高三政治备考的反思》的专题讲座。讲座后，两位老师与我一

道，与工作室学员进行了热烈、深入的交流，名师面对面思维碰撞，学员反馈这种交流接地气，收获很大。

研讨会现场

今天的活动安排紧凑，内容十分丰富，从教学实践的课堂授课，到教师核心素养的理论学习，再到高三备考的策略与反思，实践与理论结合，学员感叹收获颇丰，受益匪浅。

## 三、11月23日（星期三）

今天上午第三节课，我带领工作室全体学员到高二（3）班观摩了高二备课组长梅向荣老师的示范课，课题是《唯物主义和唯心主义》；第四节课，我本人在高一（18）班上了研究课，课题是《征税与纳税》；下午，我与全体学员一起聆听梅向荣老师的讲座，主题是《政治复习交流之解题方法交流》。通过听课、评课及听讲座，学员们纷纷感叹桂城中学老师的敬业精神与专业素养。

梅向荣老师的专题讲座《政治复习交流之解题方法交流》，总结了近几年选择题题型，分析选择题解题方法等，讲座后还进行了交流互动，在座学员都感到对我们教学指导意义特别大。

梅向荣老师在课堂上悉心指导学生

政治复习交流之解题方法交流

白惠冰校长的课堂

# 四、11月24日（星期四）

2016年11月24日（星期四），我与工作室全体学员在行政楼一楼名师工作室进行了说课评课活动，同时参加活动的还有工作室的成员甄秀芳、蒙锦红、陆洁荣三位老师。

按照活动要求，学员们共分成两组：一组成员包括陈立文、吴宇新、麦金兰，说课的内容是《走中国特色社会主义文化发展道路》；二组成员包括朱腾东、林家才、李小敏，主要说教学过程，按排名先后顺序进行。说课完毕后由学员们互问，名师工作室成员提问，并进行了评点。

陈立文老师的说课内容

各学员说课完毕后，经过短暂休息，成员间和工作室指导老师间展开了热烈的讨论。工作室的成员甄秀芳、蒙锦红、陆洁荣三位老师对各学员的表现给予了肯定和评点，并给出了改进的建议。

说课研讨现场

最后，我给全体学员的说课做了总结和指导。我对说课提出两点建议：一是说课要在立足于理解教材的基础上，整合知识，提升高度；二是要站在学生的角度，做到学生能接受和老师推下去相吻合。

我还给每一名学员都做了详细的点评，肯定了各自的优点，指出了存在的不足。总的优点概括起来有符合核心素养、家国情怀的要求；形式新颖、方法多样；培养了学生的理性精神和法治意识，也注重了公民参与和价值观念的培养；知识理解和能力培养兼顾到位。

需要改进的地方：一是要加强理论学习和修养，理论水平尚不足；二是设置的背景材料可以再新些，体现时代性；三是探究的例子更具体些，整合探究问题；四是题目训练具体化；五是说课设置意图设计表述理论化。

今天的活动安排紧凑，内容丰富，从说课到讨论，再到评点与反思，实践与理论结合。听了我与其他名师的精彩点评，学员们纷纷表示受益匪浅。

## 五、11月25日（星期五）

今天上午，我与工作室全体学员一起听了桂城中学高三政治备课组长陈咏梅、骨干教师舒国雄两位老师的高三"一轮复习"示范课。二位老师风格迥异，充分向我们展示了他们深厚的基本功。课后，我与我们成员一起对两节课进行了探究与分析，并做了详细的点评。陈咏梅老师上的《意识的作用》一课，以"导学案"为基础，遵循高三复习的要求，课堂上让学生合作交流、分享与展示成果，老师再精讲点拨，值得借鉴。

学生分享与展示成果

舒国雄老师上的《把握思维的奥秘》一课，课前以学生齐读知识为切入点，以最新的时政"追月天宫，筑梦中国"统领整节课，注重细节，注重培养学生的逻辑推理能力，注重知识的整合与建构，层层落实，课堂高效。

舒国雄老师在上课

学生的回答充满自信

下午，高三政治备课组长陈咏梅老师做了专题讲座，主题为《2017届桂城中学高三政治备考策略》。她从常规安排、复习对策、备考困惑三大方面进行分享，令我们耳目一新。讲座结束，我与工作室全体学员一起，与陈咏梅老师展开了交流与探讨。学员反馈，这次讲座充分展示了桂城中学政治科组强大的整体实力，让他们收益良多。

高三政治备考策略讲座

总结：工作室学员到桂城中学跟岗学习，学员们个个精神饱满，对工作室的安排赞赏有加。以下是他们的跟岗小结：

"在白惠冰校长的精心安排和关心下，我们学员收获很多。在这一周里，一是跟岗内容安排合理、科学。既有专家学者的讲座，又有一线老师的教学心得体会；既有本校老师的教学示范课，又有外校教师的教学示范课；既有高考的备考策略，又有高一高二的教学反思；既有学员的说课实践，又有课后作业。二是白校长对学员的生活非常关心，安排细致，连看什么书都给我们推荐。三是白校长的团队都是那么无私奉献，把自己的教学心得体会、教学策略全都与我们分享。在每天的跟岗学习过程中，白校长尽管行政与教学工作十分繁忙，仍然全程参与活动与指导，我们从白校长身上不仅学到了专业知识水平，还深深感受到她为人厚重、治学严谨的好品质，让我们十分敬佩。通过这次学习，我们相信，这将会是我们前进路上的加油站，激励我们不断前行！"

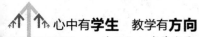
# 2016年广东省白惠冰名师工作室
# 跟岗学习活动简报二

　　经过一周的专家讲座引领和一批名师的高效实用课堂示范之后，我带领工作室学员进入了第二周跟岗培训，学员们的感受是进入了白热化阶段，精彩不断，收获满满。

## 一、同课异构，不同的精彩

　　11月28日，由桂城中学的政治科科组长兼备课组长高萍老师与跟岗的两名学员赵立文、李小敏一马当先，拉开了学员之间"同课异构"的帷幕。三位老师都以《经济生活》第九课第一框"市场配置资源"为课题，他们风格各异，但课堂同样精彩，都展示了各自的教师观、学生观。高萍老师深厚的知识积淀与娴熟的课堂驾驭能力让听课老师深感佩服，她的课堂给人一种赏心悦目的感觉，有的学员说："真让人惊呆了！"而赵立文老师的课给人一种儒雅沉稳的感觉，他善于通过问题的层层推进，自然引出课本的知识点，水到渠成。他通过大量与学生生活联系密切的图片，将枯燥的课本文字变成一幅幅直观灵动的美妙画卷，让人印象深刻。李小敏老师的课让人感到亲切并富有激情，她赞赏学生，让学生在课堂上有话想说，并且敢于大胆说。

大气且霸气的高萍老师在上课

儒雅沉稳的赵立文老师开讲了

循循善诱的李小敏老师

　　11月29日，第二组学员吴宇新和麦金兰老师隆重登场，他们的课题是《围绕主题，抓住主线》。这一课题是《经济生活》中公认"最难上"的一课：概念多、内容多、难点多。他们得知自己安排上这一课题时，不禁调侃说："自求多福。"但正因为有难度，才更能体现出老师的深厚功力，最终两位老师都出色地完成了任务，给我们呈现了两节具有示范性的精品课，得到了大家的一致好评。

吴宇新老师

麦金兰老师

11月30日上午，稍做修整，我带领全体学员走进了佛山市顶尖的中学——佛山市第一中学，聆听了一节高三的高效复习课，课后还和该校的政治科组长丁挥老师就高三的复习备考进行了深入的交流。

下午，我们又马不停蹄，按照学员跟岗计划，裴胜老师在桂城中学高三微格室上了一节《社会主义市场经济》的研究课。裴胜老师以佛山之谜、制造困境、制造突围为主线贯穿整节课，本土气息浓厚，点燃了学生的爱乡情怀，彰显了对学生核心素养的培养。课后，我与全体跟岗学员一起评课议课，肯定了这节课的亮点，同时提出了这节课后续发展的建议。

丁挥老师在做经验介绍

裴胜老师的课堂

佛山一中的高三授课老师

12月1日上午，最后一组"同课异构"的学员是朱腾东和林家才老师，上课内容为"面对经济全球化"。两位老师风格迥异，却同样精彩，深受学生欢迎。朱腾东老师准备充分，设计巧妙，在轻松的课堂气氛中，从经济全球化的个人篇、企业篇到国家篇层层推进，不断深化，体现了学科核心素养，落实了政治认同和政治参与。林家才老师功底扎实，课堂设计非常务实，先有目标导航，再从学生生活的细节出发连接知识，用苹果手机案例贯穿全课，取得了较好的效果。经过这两位老师的精彩课堂呈现，"同课异构"环节完美收官。

朱腾东老师精彩课堂

林家才老师精彩课堂

## 二、开题报告，提升研究力

12月1日下午，七名跟岗学员从研究背景、研究问题、研究意义、研究方法与设计、研究拟创新点和目前研究进展情况等六个角度详细分析了各自的课题研究进展报告。工作室特别邀请了南海区教育发展研究中心的董磊副所长针对每名跟岗学员的课题研究思路，给出了专业的指导意见与提升建议。通过面对面的指导，跟岗学员感到荣幸至极，纷纷表示收获丰厚。

董磊副所长还详述了在文献研究中提炼与自己研究方向相关的综述，站在前人的肩膀上，做别人没有做的事情。在此基础上对研究问题准确界定，研究意义要具体有力，研究路径要清晰可操作。董磊副所长重点分析了研究实施的具体方法，如何研磨案例，如何实验研究，如何行动研究等。最后，董磊副所长特别指出，每位老师课题选取都源于教育教学中的实际问题，很有研究价值，所以要加强成果意识，发挥其实际意义，让每名跟岗学员在课题研究方面方向更明确，步伐更坚定。

董磊副所长精心指导

课题研讨后合影

### 三、跟岗总结，展望未来路

不知不觉间，学员到桂城中学跟岗两周学习已接近尾声，12月2日上午，我与全体学员一直紧绷的神经终于可以放松下来了。当日上午，我主持召开了跟岗学员总结会，全体学员逐一表达了这次跟岗学习的收获与感想。

大家都觉得这次培训效果显著，得益于工作室主持人的精心安排和无私奉献。最后，我向全体学员提出三点叮嘱：一是提醒学员们谨记"独行速，共行远"的古训，寄语他们要与人为善，团结身边人，打造微团队，善于借力；二是做人要大度，不能太计较，努力让自己喜欢身边的人，发现别人的闪光点，学会用欣赏的眼光看待每一个人；三是要不断进取，不能只满足于现状，要向着更高的目标继续前行，回到工作岗位后，坚持践行"教书育人、立德树人"的目标，将教育当成自己的终身事业，以省骨干教师作为新起点，不断学习，寻求更大的发展。

学员跟岗结业了

我们都是有为青年

### 四、结束语

14天的跟岗培训结束了，但在我心中这不是结束，而是开始。离别虽在眼前，但暂时的离别，是为了明天更好地相聚。让我们一齐努力，走向人生的新篇章。

# 学习先进，追求卓越

## ——广东省高中政治骨干教师省级培训白惠冰工作室跟岗总结

桂城中学"有为"广场

2016年11月20日至12月3日，我们7位来自广东肇庆、江门、云浮的教师有幸走进了广东省特级教师、桂城中学白惠冰副校长的名师工作室，进行了为期14天的跟岗学习。

在工作室主持人、导师白惠冰副校长的精心安排下，我们参加了一系列的跟岗学习活动。

首先，我们有幸聆听了江苏省特级教师、中学正高级教师、扬州市教科院王恒富老师的《2017年高三政治备考策略》专题报告会，观摩了石门中学游卫华老师、暨丽华老师的研究课，桂城中学白惠冰、梅向荣、陈咏梅、舒国雄、高萍老师及佛山一中钟冬梅老师等8位老师的示范课，还参加了8场讲座和教学经验交流会。我们跟岗小组的7位老师分别进行了说课、参加"同课异构"等高效课堂研讨活动合共14节。

在跟岗期间，我们每天都认真撰写跟岗学习日志（含教学反思、学习心得体会），详细记录各项培训活动、学习观摩的收获和体会。我们的导师、工作室主持人白惠冰老师不但学识渊博，教育教学水平高，而且为人热情、务实、严谨。在十多天的相处中，我们从她身上学到的不仅仅是教育理论、教学知识、管理经验、课堂教学的思维创新，还有她工作的热情、严谨，做人的低调与务实。我们学员之间也相互学习、互相借鉴、共同进步。跟岗学习期间，我们自觉把自己当作桂城中学的一员，自觉遵守学校的各项规章制度，积极参加各种活动，总之，跟岗期间的点点滴滴都已渗入我们的内心、脑海，每每想起都会让我感激、感动、幸福与震撼……

与工作室成员白惠冰、高萍、
陈敏芳老师合影

与扬州市教科院王恒富老师、南海区
教研室副主任陈贻宇合影

与佛山一中政治科组长丁挥老师合影

与石门中学、桂城中学政治科组老师合影

与石门中学何轩副校长合影　　　与南海区教育发展研究中心的董磊副所长合影

## 一、桂城中学领导的高度重视让我们充满感激

桂城中学学校领导对这次跟岗学习非常重视，给予了我们学员无微不至的关怀与照顾，在生活中、学习上全力为我们提供方便。例如，桂城中学为我们学员专门配备了一个工作室，为我们查找备课、上课等方面所需的资料提供了最大的便利；学校为我们提供了早餐、午餐与晚餐，各级领导的关心和帮助，让我们备感温暖，让我们解除了后顾之忧，全身心投入学习中……

## 二、名师工作室和桂城中学老师们的爱岗敬业精神让我们充满感动

名师工作室的老师们根据我们学员的实际情况，有计划、有步骤地为我们安排了多种形式的培训活动，给予我们理论、技术上的指导，给我们提出实际、有效的建议。我们的导师——白老师是一位经验丰富、知识渊博、和蔼可亲、为人诚恳、待人热情、务实严谨的名师，能得到她的带领和指导，是我们的荣幸。为了让我们在这段时间里尽可能学到更多东西，她安排了多位非常优秀的教师给我们上研讨课。另外，白老师还安排我们听取了江苏省特级教师、中学正高级教师、扬州市教科院王恒富老师的《2017年高三政治备考策略》报告会；专门邀请了南海区教育发展研究中心的董磊副所长为我们的课题报告交流会做现场的指导；组织我们到石门中学、佛山一中听课参观学习；邀请了南海中学甄秀芳、蒙锦红及西樵高中陆洁容等佛山市、南海区骨干教师为我们的说课活动做现场指导；邀请了桂城中学高萍老师、梅向荣老师、陈咏梅老师、陈敏芳老师做高考研究方面的讲座。在一系列活动中，我们不但感受到非常和谐、融洽的气氛，也深切认识到老师们勤恳、爱岗敬业、静心研究的专业精

神，这非常值得我们学习。

## 三、学员们的团结互助让我们感到无比幸福

虽然我们7名学员来自三个不同的城市、不同的学校，但我们很快就像一个大家庭里的兄弟姐妹们那样团结、友好，结下了深厚的感情。我们一起备课、听课、评课，一起参加各种教研教学及课外活动，一起探讨教育教学法和人生的哲理，大家都积极发表自己的见解，提出了自己的一些困惑。

学员们在研讨

## 四、政治课堂的靓丽风景让我们感到无比震撼

在跟岗时间，除了听其他学员说课、同课异构课外（共14节），我们学员一共观摩了8节示范课，参加了8场讲座和教学经验交流会。无论是哪种类型的课，新课程的理念都被演绎得淋漓尽致，让人感到非常精彩。教师们自信的教态、果断的风格、敏锐的眼神、灵敏的反应、包容的胸襟深深地吸引着我们；教师们渊博的知识、精湛的教学艺术、独有的人格魅力让我们折服；学生们快乐的学习状态、信心满怀的学习激情、聪明机智的反应、争相展示的情景，让我们深切地体会到新课程的优越性及可行性。其中，白惠冰老师上的《征税与纳税》示范课凸显桂城中学倡导的"31015教学法"，以学生喜闻乐见的生活性素材，牵引提炼3个核心探究问题贯穿一节课。10到15分钟给学生小组合作思考，10到15分钟老师深入浅出、提纲点拨，最后思维锻炼提升，运用知识理解生活，运用知识解决生活难题，同时渗透情感价值观教育，教学成效显著。白老师不愧是名师，教材处理生动、科学，将教材的内容转化为老师组织教学和

学生开展自主学习、合作学习、探究学习的依据，进而进行知识传授、能力的培养；教学思维活跃、交汇，课堂成了师生之间教与学的互动，探究成了师生之间思维的碰撞、观点的交流；教学情景精彩、多样。白老师以生活素材、时政热点和学生感兴趣的生活话题引导思维的碰撞，用亲切的语言鼓舞学生，用幽默的语言启发学生，创设了一种愉悦、和谐、充满人文关怀的课堂氛围；教学问题睿智、多元，白老师运用丰富案例导入引出每个话题，令人耳目一新，吸引了学生兴趣。之后环环相扣，层层递进，刺激了学生的求知欲望与认知内驱力，调动了学生分析与解决问题的积极性，充分发挥了学生在教学中的主体作用。我们非常有幸聆听白老师的课，非常有幸成为白老师名师工作室的学员，自当好好研究，不断学习白老师严谨治学的精神，争取成为优秀教师。

名师精彩课堂

## 五、收获良多，受益匪浅

14天的跟岗学习短暂、紧张而又丰富多彩，让我们得以走近广东省名师、特级教师白惠冰老师，以及教学教育能力出众的桂城中学政治科组的老师们，聆听他们的教育理念，感受他们的教育思想，观摩他们的教学艺术，领略他们的教学风采，让我们在专业成长的路上再一次得到了学习与提高的机会。在内容丰富、形式多样的学习中，我们掌握了许多先进的教育理念与方法。通过学习交流，我们走出职业倦怠，结识了一批良师益友。我们从教学思想到教学技能、教育科研能力、教育创新能力都得到了很大的提高。更可喜的是，我们在培训过程中发现，自己教学中仍有许许多多新的东西有待探索，对教学又焕发了热情。在教学改革的今天，我们将在今后的教育教学工作中更加严格地要求自己、努力工作、发扬优点、弥补不足、开拓进取。我们将以我们的实际行动，尽心尽力、踏踏实实地工作，做一名名副其实的中学政治骨干教师。

**全体学员与白惠冰老师在结业礼上的合影**

最后，感谢名师工作室的所在地桂城中学，感谢工作室的主持人白惠冰导师和工作室的其他成员，感谢桂城中学的所有老师！

# 名师引领：始于心，践于行

2017年11月12日至21日，我们2017年广东省优秀青年教师成长助力高级研修班（华南师范大学高中政治班）一行11人，来到了白惠冰老师的名师工作室跟岗学习。短短的十天，通过理论学习和教学实践，进行了听课评课、磨课上课、交流研讨、名师面对面、名师讲座、观课议课等活动，学员们思想得到了洗涤，教育理念得到了革新，实践能力得到了提升，教育教研水平有所提高。虽然现在学习已经结束了，但大家仍然沉浸在跟岗学习的日子里，回味着、感动着、思考着……回头想想，这短短十天的学习生活有艰辛、有轻松；有烦恼、有快乐；有惆怅、有喜悦……这将成为我们教学生涯中的美好回忆。

## 一、白惠冰校长"学高为师，身正为范"，充分发挥名师指引作用

白惠冰校长作为跟岗工作室的主持人，用言传身教告诉我们：名师其实就是一个道德高尚、能力卓越的学者、研究者和教育者。她通过评课议课表现出精湛的教学艺术，在全程陪同指导的每一细小行为中折射出深厚的教育思想，全身洋溢着对教育事业的执着追求和努力奋斗的精神。在跟岗学习的十天里，我们每天都在感叹、震撼，甚至想象如果可以像她那样会多么美好。白校长在人格修养、素养追求、专业发展等方面为我们做了示范，让我们学有榜样、赶有标尺、行有方向。

## 二、工作室精心安排，确保培训工作顺利进行，大力提升学员业务能力

工作室提前制订了跟岗学习方案并通知学员，让学员在跟岗前明确了跟岗培训任务和要求。跟岗学习时间安排和内容结构非常合理高效，有集体备课磨

课、工作室成员与学员双向听课、学员说课评课、案例分析、课例开发、课堂教学和高考专题研讨、问题讨论解决、课题研究、观摩说题比赛和广东省青年教师技能大赛等内容和任务，使我们在教育教学能力、教研能力等方面得到提升。

工作室成员无私传授，分享他们精彩的课堂教学艺术、教学思想及他们的成长历程。例如，南海区教研员陈贻宇老师不仅让我们全程观摩了南海区说题比赛，还在赛后为我们做了深入的点评，引导我们要做好原创命题工作，采用说题方式能够更好地提升教师试题研究能力和命题能力，有利于提高命题水平和教师素养。南海中学骨干老师甄秀芳与我们分享了《基于2017年高考试题，对学科试题的几点看法》的高考研究心得，从选题的题源、命题的特点两大方面谈了她自己的高考考题研究成果，启发我们要加强这方面的研究工作。跟岗学校南海桂城中学李刚毅老师做了《高考新评价功能理论体系下，高考选题特点拙见》专题讲座，引导我们重视教学中采用真实情景，帮助学生从真实情景中分析理解知识点、获取关键能力、培养学科素养。南海中学蒙锦红老师为我们上了一节示范课《意识的能动作用》，采用情景教学和活动教学方式，为我们就生活情境教学提供参照。南海桂城中学的舒国雄、陈敏芳、梅向荣老师分别为我们提供了高一、高二、高三级的政治观摩课，他们都采用南海区"一案到底"的教学模式，落实知识点，重视培养学生能力。南海中学的钟敏芝和南海执信中学金阿玲老师与我们座谈，畅谈他们的成长历程，分享科组集体备课的教研活动开展情况。

### 三、学员活动形式多样，全程得到细心指导，收获专业成长

在整个跟岗学习过中，学员们参加磨课上课、说课、同课异构课、观摩说题、观摩赛课、听课评课、教学座谈会、听专题报告会、专题讲座、名师名对面等活动，得到了全方位、深层次的指导和锻炼。

第一天，我们和跟岗工作室互相交流，简单而隆重的欢迎仪式让远道而来的我们有了"找到组织"的感觉。白校长热情的态度、简洁的言语、清晰的跟岗学习安排及贴心的生活服务，让我们在参观校园、了解工作室情况的过程中进入学习的状态，学员们马上开展了集体备课和磨课活动。

第一天初到桂城中学

第二天，白校长为我们做了《品味上海市高考改革与高中教育改革》的专题讲座，与我们分享上海市高考考试招生综合改革的心得体会，把自己在上海的浸泡式跟岗所学所得无私分享，从学校管理者、一线教师的角度提出了我们面临的任务和要求，并为我们指明了努力的方向。白校长也很好地回答了不少教师对新高考的疑难问题。

南海桂城中学的舒国雄老师在高一（12）班上《国家财政》的示范课。他作为学生合作学习的组织者和引导者，工作非常到位。他对学生讨论的要求是十分明确具体的，使学生讨论更加高效。舒老师教师素养高、语言风趣、感染力强、乐于赞美学生，师生关系非常和谐。课后学员们在交流中希望能够学习舒老师在组织课堂讨论中高深的"控场能力"。

第二天跟岗活动照片

第三天，我们全程观摩了南海区说题比赛，听取来自南海19所高中的优秀教师为我们展示的说题，工作室成员、南海区教研员陈贻宇老师在赛后为我们做了深入的点评，引导我们要做好原创题命题工作，利用好说题形式提高自身教研水平。通过观摩、名师指导，我们学到了说题的要求和方法，发现采用说题方式对提高命题水平和核心素养帮助极大。下午，我们学习了陈敏芳老师在高二（16）班的《矛盾的普遍性与特殊性》的示范课课堂教学模式。陈老师采用"一案到底"的教学模式，以真实情景"我国的主要矛盾"为线索，逐步引导学生思考、探究矛盾的普遍性与特殊性。她整合教材的能力相当强，把下一框题的"具体问题具体分析"内容提上来，在矛盾的特殊性原理讲授后提示学生矛盾特殊性的方法论是"具体问题具体分析"。这是在用教材而不是讲教材，优化了教材结构。在课后的评课议课中，各位学员均表示有极大收获。

第三天活动照片

第四天，我们"转战"南海中学，到南海中学交流学习。甄秀芳老师从高考考题研究方面对我们进行了指导，她的《基于2017年高考试题，对学科试题的几点看法》的高考研究专题，从选题的题源、命题的特点两大方面展示其研究成果，让我们感受到试题研究的紧迫性和重要性。甄秀芳老师分享的成果让我们可以少走一些歧路。蒙锦红老师为我们上了一节示范课《意识的能动作用》，钟敏芝老师和南海执信中学金阿玲老师分享她们的成长历程，为我们介绍了集体教研活动的开展方法。这些有效方法值得学习和借鉴，不少学员也在座谈中提出了自己的困惑，得到了指导。

第四天活动照片

第五天，我们全天到顺德一中观摩"首届广东省中小学青年教师教学能力大赛"高中政治学科决赛课堂教学环节，当日共观摩了七节来自全省各市的精英选手教师的优质课，七位老师的课风格各异，方法不同，也反映出了各市政治教学的差异和七位老师丰富的创造能力及精湛的教学水平、扎实的教学基本功。每节课都有很多的亮点值得我们借鉴，晚上学员们开展评课议课、仔细品味。其中，本次省青赛课堂教学比赛选手借助平板电脑、互联网、3D打印笔等现代高科技产品进行教学，进行情景设计和启发式教学令人眼前一亮。授课老师的个人魅力也给我们留下了深刻的印象，有的授课老师自己填词，有的唱歌，这些都赢得了学生的阵阵掌声。课堂教学中吸引学生的不只是老师的知识和才华，如果学生被老师的个人魅力所感染，那么就容易向老师引导的方向前进。另外一个就是政治课堂要坚持核心素养导向，贴近时政，特别是十九大报告内容，贯彻新课改理念，让学生感到政治就在我们身边。我们学习到了在课堂教学中要基于情境、基于问题、基于案例进行教学设计，在活动中培养学生的公共参与、政治认同、理性精神和法治意识的思想政治核心素养。教师通过用"真问题"去激发学生"真思考",从而培养学生的"真思维",完成立德树人的根本教学任务。

第五天活动照片

第六天,上午由学员李要鹏、叶俊容两位老师分别在高二(17)班和高二(15)班对《生活与哲学》第九课"用对立统一的观点"课题进行"同课异构"。两位老师都引入了时政热点,李要鹏老师用"中国构建新型大国外交"话题设置探究活动,引导学生从思考国与国之间的矛盾去分析处理国际关系的主要矛盾和次要矛盾。叶俊容老师以"十九大报告"节选材料设置问题,引导学生从"解决问题"和"分析评价事物"思考探究主要矛盾与矛盾的主要方面的区分。学员们的评课议课活动十分积极,大家各抒己见。白校长高度评价两位老师知识功底深厚,课堂表现优秀,也从教师的后续发展提出了可操作性强的建议,引导两位老师树立打造精品课堂的更高追求。下午学员邓海礁老师在高二(21)班上了《生活与哲学》第十课"树立创新意识是唯物辩证法的要求"的观摩课,邓老师用手机发展的例子来突破自己的教学重难点,整节课环节清晰、逻辑性强,白校长的点评是选材生活化明显,贴近学生生活,通俗易懂,体现了"学哲学,悟人生"的境界,并从教师的后期发展指出教师要落实知识考查角度,通过专题练习提升课堂实效。

第六天活动照片

　　第七、八天，学员们分组讨论学习，交流学习心得，撰写学习小结。大家积极磨课，做好说课的准备。互助互爱的集体共同学习，一起成长。

　　第九天，上午由学员马利锋、朱虹燕两位老师分别在高一（5）班与高一（22）班"同课异构"《经济生活》第九课"市场配置资源"。两位老师都采用了生活化情景，马利锋老师采用佛山居民"出行难"的情景，用出行工具的发展把知识串联起来，设置比较巧妙；朱虹燕老师以"双11"例子采用"一案到底"，重组教材结构，以"市场调节的优缺点"和"规范市场秩序"两大知识顺序开展自己的教学。白校长在之后的评课议课活动上高度评价两位老师对"一案到底"教学模式的学习比较到位。下午，我们听取了张权锋、杜明坚、王淡洪、蔡裕锋、罗倩婷、李耀煜等六位老师的说课，工作室成员石门中学政治科科组长游卫华老师和白校长全程指导。最后白校长对学员们的说课提出了三点建议：读薄教材、材料选取要有理论依据，以及要体现核心素养，同时对每位说课老师进行点评，指出优缺点并且提出了改进意见，学员们收获很大。

第十天，上午，我们忙碌着整理作业、资料及撰写跟岗总结，及时上交作业等相关材料。在结业礼上，每位学员准备5分钟跟岗研修总结发言。白校长做了跟岗总结，祝愿我们所有教师都能在名师的指引下成长，在自己的专业发展道路上不断探索、不断实践，努力实现对自己的超越。下午举行了学员结业联谊餐会，大家依依不舍，难舍"标杆"白校长，难舍勤奋踏实、认真实践、不断创新的同学们。

第十天活动照片

短短的十天，在完成上述工作的过程中，我们的能力得到了锻炼和提高，经验得到了丰富。这应当归因于华南师范大学行政学院省级培训提供的平台，和白惠冰名师工作室各位名师的悉心指点，以及每位学员自己的不懈努力。我们今后将继续勤奋工作，认真实践，让学习成为常态，力争在以后的教育教学工作中取得新突破。

学员聚会

附：小组成员：张权锋、罗倩婷、马利锋、李耀煜、王淡洪、蔡裕锋、杜明坚、李要鹏、邓海礁、朱虹燕、叶俊容

小组成员照

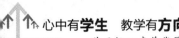

# 仰取俯拾，满载而归

## ——记佛山跟岗学习之旅

岁月匆匆，转眼间已是省培跟岗的第十天，这一段难忘的学习历程就要结束了。期间，我们参加了开班仪式、白校长（桂城中学副校长）和陈文明老师（佛山市高中政治教研员）做的专题讲座、到三水考察乡土课程资源，以及听评桂城中学、佛山一中和同组学员的授课、说课与评课等活动。

白惠冰老师工作室坚持以问题为导向，以个人专业素养提升为落脚点。体验式培训方式让我们增强体验，加深印象，更好地学习相关知识和提升能力，更好地在工作中应用。在跟岗过程中，我始终持有问题意识，带着问题听课，带着问题到学校参观交流，带着问题讨论与研究，实践能力得到明显提升。

桂城中学的陈敏芳老师带领学生对《文化生活》第一单元进行整体复习和练习巩固。这是一节真实的常规课堂，课堂开篇，一名学生做了题为《我创新故我在》的时政开讲。学生不仅能够自己动手挖掘新颖的时政素材，还能够与课本知识有机结合，深入教材的理论深度。她提出"我创新故我在"这一马克思主义中国化的文化观点，让人深思。紧接着，陈老师开始通过实物投影呈现学生做好的思维导图，点评之后，引导学生学会化繁为简、由浅入深，有全面的知识观。课堂核心复习内容主要分为四部分，一是考点呈现；二是提出值得注意的问题；三是提出"文化竞争力"这一概念，主要通过表现去理解；四是易错点辨析。一堂复习课下来，单元思路清晰，兼顾了细微观知识和宏观知识体系的搭建，稳步推进，让学生拨云见日，懂得考点是什么，怎么考，以及可能出现的变式，做好充分的应试准备。桂城中学的政治科组长高萍为大家上了一节精彩的高三段考试卷评讲课。高老师的评讲不仅着眼于试题本身，还深入分析了题目背景和命题者意图。学生题目做不好的原因，不仅是因为部分基础知识不稳固，还因为时政敏感度不够，无法掌握宏观的国内、国际的政治、经济和文化环境。高老师的评讲课使我们大开眼界，原来评讲课的深度和广度可以这样拓展，为我们后续的学习提供了更为明确的方向和时政观点积累。

在佛山一中的高三课堂上，我们观摩了一堂精彩的《我们的中华文化》复习课。授课教师以时政开讲形式为课堂奠定了轻松的基调。在理清思维导图、相关知识点和评讲练习后，授课老师把时间交给了学生，让他们自己动手，挖掘可以体现、证明中华文化源远流长、博大精深的材料。同学们积极响应，展示了巴东文、小说等文化素材，课堂气氛热烈，同学们反应极佳。我们同行的学员们不禁感慨："原来高三复习课可以摆脱'老师热血沸腾，学生坦然处之'的尴尬局面，也可以如此有滋有味。"桂城中学的梅向荣老师给我们学员展示了一轮复习常态课，课题是《生活与哲学》模块《唯物辩证法之联系观》，梅老师非常有针对性，一是针对考情，二是针对学情，三是情境创设针对时代性与本土化。梅老师对教材和考试出现的易混点和难点并非一讲到底，而是让学生动起来，在做主观题讲评时也是以方法和思路为主。

**学员教师合影**

李刚毅老师给我们做了《高考新评价功能理论体系下高考选材特点拙见》的主题讲座，其中由一道高考题引发的思考引出陈友芳教授所强调的高考学科核心素养评价的策略性原则：通过在真实的情境中，不得不说"真话"从而评价学生核心素养发展的真实水平。对全国卷大题答案从理论、事实、结果三个方面论证，有利于我们对国标答案的审视，从而能观大势、谋全局。李刚毅老师作为一线教师，通过自己的主动学习、深度学习，能够输入后再加上个人的实践体会再输出，做到内化与外化的统一。反观我们自己，学习机会也不少，特别是现在互联网时代，学习的资源更丰富，但学习时的触动没能较多地转化为行动，更别说辐射和引领科组共同发展。今后我们应注意，学习的成果要更多地系统化和实践化，只有内化再外化方能让学习过程成为学习力这一显性成果，也才能为全面建成小康社会贡献一份自己的力量，才能为国家的人才强国战略贡献自己应有的力量。

　　佛山市名师陈文明老师给我们做了《立足新时代领会全国卷——2018年复习备考策略探究》的主题讲座。陈老师首先向我们传达了一个重要信息，就是2018年政治科选择题的难度会加大，预测为0.6，而今年难度为0.69，另外经济计算题、哲学漫画题、经济图表题等并非不会考，只是暂时没有合适的情境，不能想当然地备考。在讲座中，他先向我们讲解了十九大报告的重点，特别是对我国主要矛盾中的不平衡不充分进行了解读，强调"融合"和"共同体"两个高频词语。之后用杜甫的《绝句》和崔护的《题都城南庄》给我们巧妙地分析了高考考查的四种能力要求。陈老师精心准备的"把握灵魂、发散主题""思维建模、探秘规律""知识建模、大道至简"三个内容对2018年复习备考有较强的指导性。主题从是什么、为什么、如何做三个维度进行解读；思维建模包括辩证型、限制型、发散型、演绎型、归纳型五类；知识建模强调四个模块由一句话到几个大的维度再细分，能融合、能整合、能深度推理。陈老师底蕴之深，学识之广，令人敬佩，特别是对我们年轻人能真心指导和提携，让我深受鼓舞。

 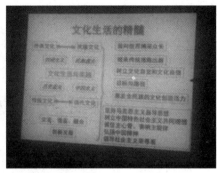

**陈文明老师给我们做主题讲座**

"走出去，人生从此就不同。"这是让我心有所感的一句话。这次省培的学习之旅，不管是一轮复习课、比赛课，还是名家讲座、大学教授的前沿思想，都点燃了埋藏在我心底的学习激情。我要重新出发，做一个有思想、有效率，更有幸福感的教育人。这次省培让我对解决高中学生的宏观思维欠缺、思维表面化有了信心，我会以更高的标准来要求自己，期待和省培学员团结协作，共同成长，最大地发挥培训的作用。

# 2018年广东省培班南海桂城中学跟岗小组简报

　　2018年12月3日早晨，我们2018年广东骨干教师培训班（高中政治）一行13人来到美丽的南海桂城中学。南海桂城中学是首批广东省一级学校、首批广东省国家级示范性高中和教学水平优秀学校、首批全国现代教育技术影视教育实验学校、南海区委区政府投资3.5亿重点打造的现代化城市标杆学校。

**教师培训班成员合影**

## 正心成人　文化校园

　　南海桂城中学是全国最美校园之一，校园浸润着传统文化，建筑布局寓意"笔墨纸砚"，建筑风格融合岭南、徽派建筑元素，典雅大气。

　　桂城中学的校训是正心成人，崇尚善而去立好品德，然后再去求知识，启迪智慧，这是正心工作的重要部分。崇尚美学，培养优雅的情趣，最后达到正心的目的，也可以成人成才了。

美丽校园

### 高屋建瓴　点石成金

培训班学员们有幸聆听了工作室主持人白惠冰校长做的《校本自教育，提质创优之本》的主题讲座，深入理解学校的"正心成人"办学理念及"自教育"内涵操作。

白校长对工作室成员的说题进行了有针对性的点评，分析了当前全国高考模式下试题设计的必要性，一针见血地指出了成员在试题设计中的问题，并高屋建瓴地给出了具体的建议，引导学员们在今后的试题设计中要注重教学实际，符合教学规律，提升命题质量。

白校长对跟岗的13位老师的教学活动进行点评，从教学设计、教学过程、师生互动及细节处理等方面给出了指导建议，让大家获益匪浅。

**专家讲座 拨云见日**

华南师大陈友芳教授从高考改革角度做了一场《中国高考评价体系研究》的专题讲座。陈教授介绍了目前高考改革的整体理念，指出了当前中学教学过程中出现的各种问题，引导教师在教学中要注重真实情景设计，注重知识整合、学科逻辑思维培养等，为我们中学教学改革指明了方向。

邓健林老师的专题讲座《黑白之间——中庸之道及班主任心法》，给我们传授了四个心法：正念价值观、锚定原点、做时间的朋友、储备自己的武器库。

李刚毅老师从一线高三把关教师视角，为我们做了题为《让试题"说话"，引领2019年高考政治备考》的专题讲座。

河南南阳市教育局教研员金毓海老师，为我们做了题为《考纲真题与复习课课型反思》的专题讲座。

专家讲座

**同行献艺 示范引领**

叶伟越老师激情洋溢，很好地调动了学生的积极性，让学生积极参与到课堂活动当中，提高了学生的学科核心素养。

陈敏芳老师的解读材料能力、组织答案能力非常强，引导学生在知识的海洋中遨游！

梅向荣老师老师思路清晰，对知识点解析深入，对高考题的材料解读详细，答案演绎逻辑清楚，学生听得入迷。从梅老师的讲课中可以看出她对高考研究比较透彻，是一位难得的优秀教师。

同行切磋

高萍老师从一道以"最低工资标准"为素材的往年高考选择题出发，从经济生活、政治生活、哲学生活等角度演变出多道选择题和主观题，对学生的专业思维和解题技巧进行了有效训练，让人由衷发出"原来高考题可以这样用，原来习题课可以这样上"的感叹。郑爱葵老师心系学生，耐心地听完了学生的论述，保护了学生的自尊心，也保护了学生表达的欲望。

## 同课异构 异彩纷呈

候跃锋：游刃有余、
稳重沉静、思辨能力

甘军：注重知识落实，讲练结合

罗建平：亲切平和，
孜孜善诱

磨课

备课

思维的碰撞
智慧的火花

听课

同课异构

冼宏：双主体概念落实到位，问题探究递进式

张铃灵：从容淡定，注重知识，培养能力

陈启华：思维导图，导出风采，导出效率

**典校参观　文化熏陶**

几净窗明竹影深，雅致别样气息新。

书行法道立正品，诗意画情育全人。

科体艺能康健活，礼义廉耻善美真。

遵循规律创特色，整合资源贵持恒。

四全理念指方向，十项工程力推行。

不忘初心担责任，砥砺前行同声人！

　　感谢南海桂城中学的周到安排，感谢白惠冰校长的悉心指导，感谢白校长工作室的老师们给予我们教学上的帮助！感谢你们，让我们这批省骨干教师研修班南海桂城中学跟岗同学在快乐充实中学到了新颖而有效的教学理念、教学模式，让我们不断成长。

# 不忘初心，牢记使命

虽已踏入深冬，但桂城仍洋溢着和煦的暖意。作为2018年广东省白惠冰省名师工作室入室成员，我们迎着这宜人的冬日暖阳，步入了桂城中学，入席白校长精心为我们烹制的精神盛宴。现谨以此文记录这段宝贵的经历。

## 一、"童心教育"以回归人本身的教育理念启发我们"不忘初心，牢记使命"

12月3日，我们来到了虽然办校只有一年多的时间，但已颇受同行肯定的同声小学。该校的谢校长热情地向我们介绍了学校的办学理念："大同文化、童心教育"。从谢校长的介绍中，我们可以清楚地感受到，谢校长所领导的行政班子和教师团队胸怀浓厚的教育情怀，秉持新教育的坚定信念，始终以给孩子们幸福童年为己任。正是这样的理念让同声小学在短短一年多的时间里形成了自己独特的课程体系、清新的学校文化氛围和具有"同声人"特色的团队文化。最后，谢校长对于青年教师的成长提出了自己独到的看法："任务就是成长的财富，没有当初的历练，就没有今天的成长。"我们定当铭记谢校长的谆谆教导，以更踏实的姿态、更持久的坚持，回归课堂，沉下心来研究教育，通过自身成长回馈教育，造福孩子们，造福学校。

## 二、"说题交流"让教师亲历命题、说题全过程，让老师体验"命题那些事"

12月4日，跟岗学员按照白校长之前布置好的命题分工，逐个上台进行了说题交流。这些学员中，有的老师多次参与过市里模拟题的命制工作，有的老师甚至参加过省级统考试题的命制，有的老师是命题新手。大家在浓厚的学习研究氛围中，彼此学习、共同成长。学员们主要从以下角度进行说题展示：①核心素养背景下的命题依据，主要依据2017年的新课程标准，以及十九大精神、时事热点等；②试题命制的立意；③试题材料的分析及答案的生成逻辑；④试题的预测、反思。

交流中大家达成了不少共识。大家意识到命题实际上是教师与学生的"换位"思考，老师只有能命好题，才能讲好题，然后才能教好学生。最后，白惠冰副校长对所有参与说题的学员进行了专业而中肯的指导，她先诚恳地说出每个学员的原创试题的优点，又帮助我们发现自己的不足。白校长的耐心指导和对我们的殷切期望，获得了入室成员和所有跟岗成员的高度好评，赢得了阵阵热烈掌声。同时，两位工作室的指导专家南海中学的甄秀芳老师和蒙锦红老师，无私地分享了她们在命制试题的过程中长期积累的经验，帮助学员避免犯一些错误，使所有参会成员收获满满。

整个学习过程在紧张、交流、掌声，鼓励与欣赏中度过，大家相互学习，在学习别人的经验中发现自己的不足，构建一个学习共同体，潜心、扎实地进行教研活动与交流，在专业发展的道路上，一起同行，相互激励，共同成长。

随着桂城跟岗活动的结束，入室学员跟岗学习活动也暂告一段落了。这期间我们听到了许多，看到了许多，这都将启发我们思考得更多。虽然在名师成长的道路上，我们仍然十分稚嫩，仍然有许多问题是我们一时半会儿解决不了或者克服不了的，但是通过这段时间的集中学习，我们的观察研究能力及提出问题、分析问题的能力都有所提高，相信在通往远方的路上，我们会走得更稳、更坚定。

# 构建学习共同体，潜心研究共成长

2018年12月4日，广东省"白惠冰名师工作室"入室成员和广东省骨干教师培训班跟岗学员齐聚南海区桂城中学会议室，共同研究高中政治教师的必备素养——命制原创题的能力。

本次研习按"展示—说题—交流—互评—点评"几个环节进行。先由入室成员分组现场展示自己的原创题，说题、现场交流，然后进行组内互评，最后专家点评。

命题要求已在两周前发送给了学员准备，大家都进行了精心准备拿出了自己的最高水平。

这些学员中，有的老师多次参与过市里模拟题的命制工作，有的老师甚至参加过省级统考试题的命制。有的老师虽然是命题新手，但实力也不容小觑。

钟敏知老师在展示原创题

冯立凌老师在展示原创题

展示开始后，学员们主要从这几个角度进行说题展示：①核心素养背景下的命题依据，依据2017年的新课程标准，以及十九大精神、时事热点等；②试题命制的立意；③试题材料的分析及答案的生成逻辑；④试题的预测、反思。

林惠河老师在展示原创题

梁燕霞老师在展示原创题

　　每名成员都充分地展示了自己命题的视角、想法、考查点以及解题的思路，各具特色。老师们用自己的命题深入地阐释了自己对高考的深刻理解。

金阿宁老师在展示原创题

潘春桃老师在展示原创题

余光兵老师在展示原创题

大家聚集在一起，在浓厚的学习研究氛围中互相切磋、彼此学习、共同成长，收获颇多。

最后，白惠冰副校长对所有参与说题的学员进行了专业而中肯的指导。

她先诚恳地说出每个学员的原创试题的优点，又帮助大家发现各自的不足。她的耐心指导和对我们的殷切期望，使得入室成员和所有跟岗成员都非常感动，大家不时报以热烈掌声。

**白惠冰副校长对学员进行了专业指导**

随后，两位工作室的指导专家南海中学的甄秀芳老师和蒙锦红老师，无私地分享了她们在命制试题的过程中长期积累的经验，帮助学员避免犯一些错误，使所有参会成员收获满满。

整个学习过程在紧张、热烈、愉悦的氛围中完成。大家相互学习，彼此借鉴，在学习别人的经验中弥补自己的不足，构建了一个学习共同体。

本次演习，是一次对命题的扎实的教研活动，对提高大家的命题水平和教学水平都有很大的帮助。

让我们在专业发展的道路上，一起学习，相互激励，共同成长、提升，为广东省教育水平的进一步提升做出自己的贡献。

工作室研修活动照片集

# 共享差异

## ——北京名师工作室专家光临白惠冰工作室交流

2016年12月21日上午，北京顺义区名师工作室专家光临我校，白惠冰副校长及白惠冰名师工作室的成员热情地接待了他们。

12月21日早上8点，北京市顺义区名师工作室的专家早早就来到我们桂城中学，并兴致勃勃地参观了校园。9：30到10：10，来宾们来到了高三（17）班听了一节由我校舒国雄老师承担的高三政治复习课。课后，南海区教育局教研室副主任陈贻宇主任、桂城中学政治科组老师及北京顺义区名师工作室的专家在行政楼一楼会议室开展座谈：首先，大家观看了我校的宣传片；接着，各位专家教授及相关老师点评了舒老师的课；最后，双方就政治高考备考的新动向交换了意见，南北交流，收获满满。

工作室交流照片集

# 白惠冰工作室送教下乡活动报告

## 一、白惠冰工作室送教下乡活动指引

### 佛山市南海区教育发展研究中心

南教发（质）〔2018〕141号

关于开展核心素养导向的高效课堂同课异构研讨活动的通知

各有关高中：

为加强区域协同教研，进一步提升我区核心素养导向的课堂教学效益，我科经研究并请示局领导同意，决定于2018年11月下旬在广西北海市开展高三教师跨区域同课异构研讨活动，现将有关事项通知如下：

一、上课时间、地点和教师

| 时间 | 地点 | 学科 | 授课教师 | | 主题 |
| --- | --- | --- | --- | --- | --- |
| | | | 北海 | 南海 | |
| 21日下午 | 北海市北海中学 | 地理 | 陆聪慧 | 赵喜红 | 工业化、城市化及产业转移 |
| 22日下午 | 北海市第七中学 | 语文 | 洪文锋 | 肖韵彤 | 文学类阅读—小说 |
| | 北师大北海附属学校 | 数学 | 宁德芬 | 蒋爱国 | 圆锥曲线定义应用 |
| | 北海市第七中学 | 政治 | 文峰 | 梅向荣（白惠冰工作室） | 文化高频考点复习 |
| | 北海市第七中学 | 历史 | 王翼红 | 宋业应 | 中国近代科技文化 |
| | 北师大北海附属学校 | 物理 | 王子玉 | 钟汉武 | 电学实验专题 |
| | 北海市第七中学 | 化学 | 李朝章 | 杨子超 | 化学实验中的水 |
| 23日上午 | 北师大北海附属学校 | 生物 | 覃静 | 李雪芬 | 种群的数量变化 |
| 23日下午 | 北师大北海附属学校 | 英语 | 彭妍 | 王娟 | 书面表达专题复习 |

二、活动要求

1. 精心备课，认真落实教育部考试中心"一核""四层""四翼"要求。

2. 提前了解学生、教材版本、复习进度、场室、媒体、器材等情况。上课前一天，自带手提电脑到达北海。

3. 展现南海高三课堂教学的高效益。

4. 上课结束后第二天返程。

三、其他事项

请各学校根据以上时间，安排调整好上课教师的相关工作。

南海区教育发展研究中心教育质量监测科

2018年11月8日

## 二、白惠冰工作室送教下乡活动简况

2018年11月22-23日，白惠冰工作室成员一行7人远赴广西北海开展送教下乡，同时开展广西北海高中政治骨干教师培训活动。工作室成员代表梅向荣老师在广西北海第七中学进行了"同课异构"活动，课题为《文化高频考点复习》，广西北海70多位高中政治教师参与了活动。

课后，南海区教研室副主任陈贻宇老师及工作室全体成员进行了评课，并与广西北海高中政治老师就"2019高三政治备考"进行了深入的交流，受到了与会老师的高度评价。

**工作室成员参加活动后留影**

左二为梅向荣老师课后留影

工作室主持人白惠冰副校长

梅向荣老师"同课异构"活动证书

工作室成员高萍老师活动后留影

工作室助理徐玲老师活动后留影

工作室助理许家伟老师活动后留影

5

第五章

我当副校长的
那些事儿

# 让我们携起手来，肩负起教育的神圣责任

## ——有感于胡锦涛同志在全国优秀教师代表
## 座谈会上讲话的"四点希望"

在第二十三个教师节来临之际，胡锦涛同志在全国优秀教师代表座谈会上的讲话情真意切、思想深刻、内涵丰富、寓意深远，充分体现了以胡锦涛同志为领导核心的党中央对广大教师和教育工作者的亲切关怀和殷切期望，昭示了党和政府对教育事业和教师队伍建设的高度重视。这篇讲话，对于教育工作尤其是教师队伍建设具有很强的思想性、指导性。胡锦涛同志的讲话还充分体现了党中央大力实施科教兴国战略和人才强国战略的坚定决心。

本人作为教育工作者、一线的教师，学习了胡锦涛同志的讲话，深受教育，备受鼓舞。我个人认为，胡锦涛同志的讲话对全国广大教师和教育工作者更是巨大的鞭策，高度、精辟地概括出我们今天为师、为人所日渐稀缺的性情、品格和心态，因此，我们要用心体会胡锦涛同志的讲话精神，把党中央的关怀和期望转化为实际行动，在平凡的工作岗位上，用精神的烛火照亮我们光辉的教育事业！

（1）我们今天为人师，要执着地热爱教育，要有职业的光荣感、事业的归属感和责任的使命感。

在国民教育的框架中，学校是开发智力资源的基础。一切宏伟目标的决胜，最终都取决于教育所培养的人才的素质，因为"有一流的教育，才能有一流的国家实力，才能真正成为世界上一流的国家"。而教育的根本任务是育人，教师的职责是教书育人、为国育人、为人育人。教师的职业是平凡的，但平凡中常见伟大。有人说，在某种意义上，子女的命运掌握在母亲的手里。而

我们可以说，国家和民族的未来掌握在教师的手里，教师肩负的是决定国家未来命运的伟大使命，因此，责任是一种素质，作为教师，就要有献身教育、艰苦奋斗、非下苦功不可的决心和斗志。

（2）我们今天为人师，要"爱满天下"，爱每一个人，一言一行要饱含浓浓的师爱。

教师的力量，不在于智慧，而在于心灵中散发出的师爱之光。冰心曾说过："有了爱就有一切""有爱就有教育"。的确，有了爱与责任，教师便有了烛照他人的持久动力。因此，作为教师，怎样对待学生，关键在于对祖国未来要有一种真挚的爱。做到爱而不宠（爱全体，不偏爱），急而不躁（对后进生不能"熟视无睹"，而需"铭记心中"设法疏导，但不怨天尤人，不急于求成），严而不凶（科学训练，严格要求，反对简单粗暴）。

（3）我们今天为人师，要潜心研究教育理论。各行各业、万事万物都有其自身存在和发展的内在规律，只有发展并依照规律办事，才能促进事物良性的发展；蛮干做不好事、做不成事，甚至还会受惩罚。

当前，我国提倡教育家办学，温家宝总理也曾说过："要办一流的学校，就要有一流的教师队伍，有一批出色的教育家，我们要培养一支德才兼备的教师队伍，造就一批杰出的教育家。"因此，作为教师，要洞悉教育规律，精通教育业务，同时把学习和写作当成习惯，要善于把在长期实践中积累的丰富经验升华为理论成果，并用于指导自身的实践。因为，一个人所能达到一定高度并保持往这个高度，绝不是一飞冲天，而是需要不断地学习、不断地积累。

（4）我们今天为人师，要勇于进行教育改革、创新教育实践，做到胸中有理想、心中有追求、奋斗有目标、发展有动力。

具有创新精神的民族才能成为21世纪的强者，这已成为人们的共识。教育作为人类生活的一个重要组成部分，当然也离不开创新。国画大师齐白石曾说过："学我者生，似我者死。"为什么有些教师刻意去模仿名师、名家的做法，但就是达不到预期的效果？究其原因就在于教育具有不可重复性，因此，每位教师都要以创新的理念来认识教育、实践教育，更要有改变现状与升华现状的勇气，要用批判的眼光去审视教材、审视自己的教育实践，带着批判意识去解读、重构教材体系，采用灵活的教学策略，组织更能凸显教师及学生个性，更能培养学生创新素质的课堂教学。

（5）我们今天为人师，要有人格魅力，要有高尚的道德情操，更要不唯俗，耐得住寂寞，守得住宁静的心田，淡泊明志。

教师的伟大，往往不在于教育教学上的造诣，而在于教师的人格力量。因为，教育的核心功能是"育人"，教育是直接与人打交道的，教育不仅以思想观念影响人，而且以行为榜样影响人，榜样有时比语言更重要。校园是一个精神的特区，特区之特，不是特权，而是教师不同于其他职业者，教师是影响学生的一本书，思想言行不允许掺杂污点，否则就会影响学生的人格修养，污染学生纯洁的心灵。我们可以想象，如果一位教师耐不住寂寞，整天忙于社会应酬，整天浸泡在股票、基金市场上或扎根麻雀堆里，甚至坠入"温柔乡"，那么这名教师最直接、最主要的产品——学生，将是一群怎样的人？因此，如果教师没有"捧着一颗心去，不带半根草回"的无私大爱，没有"我不入地狱，谁入地狱"的无上大勇，没有"敢为人先，誓创一流"的有为精神，就很难成就伟大的教育事业！

综上所述，教育是神圣的事业，神圣在教育为学生的未来发展奠基，神圣在教育为民族的兴旺树根立魂，神圣在教育为国家的富强培养人才。亲爱的朋友们，让我们携起手来，为实现中华民族的伟大复兴尽一份自己应有的责任！

# 目标越高远，人生越有意义

## ——有感于入选广东省基础教育系统 "百千万人才工程" 培养对象

广东省基础教育系统"百千万人才工程"高级研修班，是教育专家、名校长、名教师成长的摇篮。

作为基层一线教师，我有幸成为广东省基础教育系统"百千万人才工程"第四批高级研修班的成员，既感到兴奋，又深感责任的重大。兴奋的是能让我走进高级培训基地，与大师对话、与名校名师交流与研讨，有机会在名家、名师的引领下，促使我转变教育教学观念，促进我专业素养的综合提升。同时，我又深感责任的重大，担心自己理论根基浅薄，不能深刻领会大师们的思想内涵，辜负了教育局党委与学校对我的殷切期望。当然，没有压力就没有动力，为了出色地完成学习任务，不断提升自我，我特制订三年个人发展计划，请批评、请指正！

### 一、勤于学习，广泛阅读教育教学与管理类书籍，特别是有关教改前沿，反映教育教学新理念、新方向的书籍

新教育实验发起人朱永新教授曾经说过这样一句话："一个人的精神发展史实质上就是一个人的阅读史。"为此，我要把读书作为提高自身综合素养的平台，在这三年里，我计划阅读以下书籍：《上海教育科研》杂志，《教育科学研究方法》《教育策略》《教育心理学》等，做好读书笔记，积累理论素材，并且用所学的这些先进、科学的教育教学理论指导今后的教育教学实践。

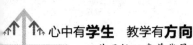

## 二、积极撰写教育教学与管理类书籍，不断反思自己的教育教学行为

我决心把课堂作为实施素质教育的主渠道，逐步确立起"研、学一体化"的思路，并总结提炼成研究课题，然后在教学实践中探索解决的办法，从实践者转变为研究者。

大量的教育教学实践表明，专业发展好，教学效果、管理效率高的教师，都有正确的归因理论，都善于从自身、从主观上去寻找教师教不好、学生学不好的深层次原因，并且能把这些经验教训上升到理论层面，调整方向与策略。

## 三、积极参与课题研究，打造品质课堂，提升学校的办学品位

努力树立科研兴校的意识。问题即课题，通过参加广东省基础教育系统"百千万人才工程"高级研修班，把学到的理论知识运用到课堂教学、课题研究、校本研修的过程中，解决教育教学实践中存在的困惑与问题，并且通过具体的实践活动，总结出一套有校本特色、有个人教学风格的教育教学理论。

## 四、心甘寂寞守杏坛，以当代教育家的成长为标杆，努力向教育家学习靠拢

记得学界泰斗范文澜曾说过这样一句话："板凳甘坐十年冷，文章不写一句空。"生活中不难看到，当一个人头上有了小小的光环后，极易心浮气躁，进入个人发展的"高原期"。只有越过高原期才可能有新的超越，否则就可能怀着证书，回归平庸。

一个人的价值在于奉献，我能为培养祖国下一代贡献微薄之力，感到无限欣慰。教师是太阳底下最光辉的职业，我无悔自己的选择，我梦想有朝一日能成为新时代的人民教育家，为我国教育事业的发展贡献全部力量！

# 超越物质享受，追求精神引领

## ——与北京四中面对面

2017年11月，我带着区政府、区教育局的殷切期望和作为佛山市、南海区两级学科带头人一份厚重的责任感，走进了首都教育，走进了誉满全国的百年名校——北京四中。

北京四中创建于1907年，是北京市重点中学，北京市首批认定的示范性普通高中。它坐落于北京市西城区平安大街，占地4.3万平方米，现有学生约1500人，教职员工170人，其中特级教师2人，高级教师40余人，市级学科带头人8人，区级学科带头人21人。

### 一、北京四中，一所让总理赞赏、让人民满意的百年名校

走过了一个世纪的北京四中，到目前为止已培养出3万余名学生，很多毕业生后来都成了享誉国内外的著名科学家、文学家、艺术家和企业家，其中不乏我们耳熟能详的响当当人物，如冯至等10位院士、著名导演陈凯歌……

北京四中卓越的办学成就，赢得了党和政府的充分肯定和高度评价。2007年9月4日，温总理在看望四中师生时说："要把四中办成世界一流的学校，中国要有更多像四中这样的学校，这是党和政府的愿望，也是我的心情。"2007年5月，在由新华社、中央电视台等媒体发起的2006—2007学年度公众满意"中国十大名牌中学"的评选活动中，四中名列榜首。

## 二、北京四中，一所彰显了"教育家办学"风采，并一直坚守学生全面发展与高考高含金量这种崇高事业追求的百年名校

北京四中校长名字叫刘长铭，中学特级教师，全国政协常委（在中国现任校长中唯一的一位）。走近刘校长，你会发现他拥有一种浓烈的生活上关心人、专业上影响人、精神上鼓舞人的教育家特有气质，以及追求理想教育的那种执着与韧性。

北京四中百年校庆的纪念册上写着这样一段话："天将以夫子为木铎，夫子以校长为风范。校长是学校格调的一方金印，有什么样的校长，就印上什么样的色彩。"初读此话，我感触并不深，直到后来与刘校长的一席长谈，我才真正领会到此话所蕴含的深刻内涵，震撼了我的灵魂。

**震撼之一：北京四中的"尊重"文化在刘校长身上体现得淋漓尽致**

11月7日上午，适逢北京宣武区教育局组织区内的校长到北京四中交流研讨，加上我们南海一行11人到访，刘校长从早上7：40开始陪同听课，然后又做了主题为《教育的价值》的专题报告；11月18日下午，他又在百忙之中专门抽出近2小时接受我们的约谈。刘校长给人的感觉是平易近人、和蔼可亲，没有一点架子。他顺手拈来一个又一个教育教学故事，娓娓动听，在场的人无不动容。会议室鸦雀无声，只听到在笔记本上飞速书写而发出的"沙沙"声，大家连桌子上好吃的水果都没敢动一口，因为都怕错过了那些精彩的细节，哪怕是一点点。

约谈过后我不禁慨叹，作为一位誉满京城乃至全国的校长，行政事务的繁杂可以想象得到，他完全可以找一个借口，安排一位部门主任代劳接待，但他没有这样做。他是那么的有耐心，他谈起教育时所流露出来的对教育的那种陶醉、那种富有前瞻性的解读，至今仍深深地感动着我，更让我从他身上捕捉到北京四中一股浓烈的"尊重"文化的气息，这就是一种超越物质、追逐精神的教育家情怀！

**震撼之二：刘长铭校长身上呈现的是教育家办大教育的胆识与气魄**

**1. 倡导"以人育人，共同发展"的现代教育理念**

刘校长认为："教师、学生、家长、校友、社会之间以行为影响行为，以品德培养品德，以能力提升能力，以理想树立理想，以情操陶冶情操，以境界

提升境界，以人格塑造人格。"这无疑是一种尊重教育规律的现代教育理念，因为人是社会上的人，不是孤立的个体，为什么会出现"5+2。"的怪现象？归根到底是因为没有处理好学校、家庭、社会三者的关系，有效的教育应该是学校、家庭、社会"三位一体"所形成的教育合力。

**2. 坚守关注学生一生发展的育人目标，为培养中国的杰出公民奠基**

过去，我们推崇的是一种分立的教育，不知不觉陷入了一个教育的怪圈：认为只要把学生送上大学就万事大吉了，其他技能学生自然而然就学会了，这是一种十分危险的教育。

刘长铭校长认为：教育应该是一种融通的教育，北京四中给学生的远远不是北大、清华的入场券，而是更加精彩的未来。学校的教育应该包括生活教育（含家政、爱情婚姻、乐观、苦难……）、职业教育（含学科知识、敬业、服从、职业操守……）、生命教育（含生理与心理、健康、死亡、尊严、信仰……），以及公民教育（含公民常识、社会责任、国情、正义、民族精神……）。在这样的育人目标引领下，北京四中目前有各种社团近30个，经常组织各类文娱、社会实践、科技、体育等活动，活跃学生的校内外生活、陶冶情操，让学生充分展示各种才华，增强参与意识，提高活动能力。尤其值得一提的是四中每年都开展丰富多彩的科技活动，以育人为中心，积极推动科技人才三级培养制度。学生通过参加专家讲座、理化生实验设计、科技博览会、科技知识竞赛等众多科技活动，提高基本的科学素养；再通过科技俱乐部参与更高层次的科学论坛、野外考察、进入国家重点实验室体验研究过程等，更深层面地接触科技研究领域。聘请国家重点实验室的著名科学家作为扶植科学幼苗导师的举措，更加强了培养学生成为未来中国科技后备人才的力度。

这就是一种关注学生终身发展的"负责"精神！

**3. 坚决摒弃以高考成绩、考试分数作为评价老师的唯一标准，不断创新评教体系**

北京四中不以有多少学生能考北大、清华作为老师评优的依据，每年高考奖金人均只有300元（只限于高三老师）；高一、高二考试的平均分只做一个参考，评优更看重的是老师的态度。

学校秉承"健康第一"的指导思想，每天坚持在课程表上安排一节体育课。如此超前的课程体系建构，如果没有对教育的深层次理解和对学生的终身

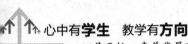
发展负责的教育家的情怀与胆识，那么这关键的一步是迈不开的。

### 三、北京四中，一所借助文化软实力推动学校可持续发展的百年名校

"办学就是办文化"，下面我们通过四中的听课原则来透视他们的管理文化。

四中的听课原则原文摘录：

听了您的课后，我想就下列问题与您进行交流：①备课时您想到学校培养目标或学生的发展目标吗？②怎样使学生快速高效地掌握知识或怎样激发学生主动学习进取？您有何经验与我们分享？③"以人文教育为基础，以科技教育为特色""培养学生善良的人性和科学的理性"，您在课堂上怎样体现人文教育和科学的理性？您在课堂上怎样体现人文教育和科学思想教育？④引导学生学会做人，归根结底是使学生学会正确对待生活、正确对待人生，因此教师在课堂教学中应当体现生活教育、职业教育、生命教育和社会教育（公民教育），这才是全面育人，您是怎样理解并付诸实践的？

相信我们不难理解，一所学校能否经得起时代的洗礼，校长关注的品质是十分重要的，因为每位校长都有自己学校发展的愿景，但用什么方式向师生推进，从而形成师生共同的价值取向，内化成学校文化，不外乎有两种方式：一是借助行政手段，行政手段的特点是直接，见效快；二是借助文化的渗透力（即工作层面上的渗透或是学校文化的感染力），文化渗透的特点是分步推进、潜移默化。

价值观是一种根深蒂固的东西，与一个人的家庭教育、教育背景、成长经历等息息相关，一旦在人的大脑里形成，短期内是难以改变的，更不可能通过召开一两次的全体教职工大会就可以改变教师的行走方式。我个人认为四中的高明之处在于选择了文化渗透，因为他们在长期的常规管理中形成了一种习惯，校长及主管教学、科研的行政领导只要不出差，都喜欢听老师的推门课，每年校长及教学行政听骨干教师课覆盖是100%。听完课后，校长及教学行政就会一个点、一个点把学校的价值理念渗透到教师的头脑中，逐渐改变教师的行为方式，用刘校长的原话说："只要给我一到两年的时间，就可以把这些理念传输下去！"这本身就是一种充满智慧与人性化、刚性与柔性相结合的管理文化！

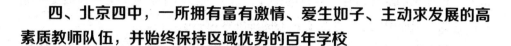
### 四、北京四中，一所拥有富有激情、爱生如子、主动求发展的高素质教师队伍，并始终保持区域优势的百年学校

北京四中，每年有约300人次在各类竞赛中获奖，96%以上的毕业生高考成绩达到重点大学录取线，40%左右考入北大、清华两所著名高校，在国际奥林匹克竞赛中，四中学生共获得六枚金牌、两枚银牌、一枚铜牌，并在几百次全国、市、区各学科、科技、人文、艺术比赛中获奖。

高质量的教育哪里来？一所好学校，首先要拥有一支优秀的教师队伍。高素质的教师队伍并不取决于其学历的高低，而是取决于其有没有坚定的教育理念。是什么力量在支撑和推动四中，让其如此优秀？我个人认为很大程度上得益于四中拥有一支自强不息、勇于开拓的高素质教师队伍。

## 案例一：从高二一节历史课透视四中教师的风采

**1. 非英语科老师拥有"双语教学"的意识、潜能和底气**

石冬鹏老师，1995年参加工作，有留学加拿大的背景。我有幸观摩了他的历史课，一节课下来，教师在讲授关于"文艺复兴""人文主义"这两个概念的时候，都能用娴熟的英语朗读、解读课文的内容，这着实令人惊叹！

**2. 阅读已成为四中老师的一种习惯**

石冬鹏老师学识渊博，阅读量大且面广，一节课下来，不但旁征博引，而且能针对相关的知识点适时向学生推荐大量的课外书，如讲到薄伽丘时向学生推荐澳洲麦琳·麦卡洛的《荆棘鸟》；在讲到"人文主义"时向学生推荐余英时的《民主制度与近代文明》、英国阿仑·布洛克的《西方人文主义传说》……

教师之所以能同步推荐如此多的课外阅读书目，首先是因为教师爱书，否则是无法达到这种教育境界的。

**3. 用精湛的教学技艺搭建起灵动的生命课堂**

石冬鹏老师的课弥漫着教学的机智。在讲授"中世纪圣母母子图"时，你可看出他的教学机智。先出示愁眉苦脸、不和谐的圣母母子图，再展示动物世界中亲密无间的母子图，最后展示石老师本人儿子刚降临人世时，初为人父的

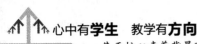
他所呈现出来的那份惊喜与爱怜的照片。这个过程，让学生产生一种很真实自然的感觉，因而引发了学生发自内心的阵阵掌声……

从新课改的理念来看，这节课全程以教师的讲授为主，似乎是一种传统的教学，不太符合新课改的精神，但换一个视角来看，你会发现课堂上学生听课时是那么的如痴如醉，还夹杂着阵阵的欢声笑语，他们已经融入老师的精神世界中了，已经被老师幽默风趣的语言魅力和渊博的知识迷住了，师生间进行的交流是精神层面的互动交流。老师利用有效的手段，把握准了教育契机，燃烧起学生学习的激情与欲望，这就是有效课堂。为什么我们非要追求一种只流于形式的师生互动呢？我个人认为，有些课堂就适合选用讲授法，因为真正的高效课堂不在于教师的课堂组织形式怎样，而在于学生在课堂上得到了多少。

### 案例二：四中老师爱生如子，拥有过人的敬业精神和负责精神

**细节之一**：补交作业

每当学生欠交作业，四中老师会把学生请到办公室谈话，了解原因，并要求学生在本子上签上自己的名字与承诺作业补交的时间，学生补交作业后也要在本子上签上自己的名字。

从中我们可以看到：学生犯错，老师不是简单、粗暴地责备、体罚，而是一种有原则的包容，因为师爱也需要智慧。一位有智慧的教师，必定是一个有充分的耐心与能力，包容学生、体谅学生的人。他们绝对不会因为学生有缺点，就放弃了当初爱的诺言。教育无痕就是一种智慧。教育就是要把真善美的种子深深地埋进学生的心田，因为教育的本质就是一种心灵的呵护。

**细节之二**：透视《李周老师预约谈话填表说明》

附表格内容摘录：

① 对象：全体学生。②时间：每次约半小时，如有需要可以增至1小时。③方式：可单独谈，相近话题可以多人一起同来（自愿）。④范围：与四中生活相关的话题，只要愿意（含未来职业、留学生活、时间规划、社团活动、研究性学习、桥牌、古典音乐、世界电影等），仅供参考，不受限制。⑤礼仪：尽量准时，迟到可以原谅，但请不要随便失约。

李周老师是一位计算机老师、非班主任，多年来他主动牺牲自己的午休时间参与到全员育人的团队中，以教师的品行去影响、感化、培养和教育学生，让我真正感悟到以"爱岗、敬业、爱生"为核心的北京四中教师的职业精神，更重要的是让我感悟到爱是无声的语言，也是最好的催化剂。正所谓真水无香、真爱无言，教师对学生的爱，是一种把全部心灵和才智献给学生的爱，这种爱是深沉的，它蕴含在我们为学生所做的每一件事情、每一个细节中。事实上，教师工作很忙很累，但追求一份属于自己的事业，影响学生一生，何尝不是一种幸福？

### 案例三：四中教师身上闪耀着一股强烈的主动求发展的欲望

北京四中不用坐班，每天下午四点放学，但很多老师为了学生的答疑，忙到七点甚至十点过后才回家，学校没有一分钱补贴。中午，只要你在教师办公室转一圈，你就会发现找老师答疑的同学挤满了办公室……

这当中除了四中老师有过人的敬业精神外，我个人认为，深层次的原因应该是四中老师有很强的事业心及一股强烈的主动求发展的欲望。人为何能自觉地工作？是因为事业心。教育、教学是一项看似日复一日、年复一年的重复性工作，正所谓："看似寻常最奇崛，成如容易却艰辛。"在每一天的"教学相长"之中，只有那些能够积沙成丘、积跬步成千里、不断丰富自己人生的教师，才是自觉而清醒的教师！

## 五、结束语

随着教育管理体制的改革与创新，在给中小学带来生机与活力的同时，也给从事育人工作这个教师群体带来了诸多的压力和考验。教育岗位的竞争、聘任制、课改的挑战、绩效工资等，无一不使我们教师在知识经验、教学能力和心理素质等方面不断透支，甚至出现职业倦怠感。这次北京之行，在与北京四中领导、老师的深度接触中，让我的灵魂经历了一次洗礼，从他们身上，我深深地感悟到：在一个团队里，合作比竞争更重要，责任比能力更重要，这就是优秀的学校文化！

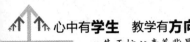

# 走向高远

时光荏苒，岁月如歌。一晃眼，我转任桂城中学教学副校长已经一年了。

过去的一年是忙碌而又充实的一年，是进取的一年，更是收获的一年，一年的汗水铸就了一年的光辉。一年来，凭着对待教育的那一份激情与执着，我与师生们一起挑灯夜读，挥汗如雨搏杀考场，最终如愿以偿，唱响了辉煌高考的战歌，也为南海教育尽了绵薄之力。

下面我将从三方面汇报一年来的工作、学习状况，请批评、请指正！

## 一、努力做一位深受学生喜爱的教师

记得山东省杜郎口中学崔其升校长曾说过这样一句话："不是优秀教师不会做领导，而是领导必须来自优秀教师。"

为了这份对学生的热爱与对待教育事业的热切追求，我一直在教学实践中历练，不断地探索教育教学的真谛。尽管身处学校行政岗位，校务繁忙，但只要不出差，我都与级组、备课组的老师们一起听课、评课、备课、上公开课，还开设讲座与学生们畅谈人生。辛勤的付出让我收获了喜悦与成功，2013届主管高三，桂城中学的高考成绩扭转了下滑的局面。

### 1. 各批次上线人数全线飘红

（1）上重点线149人（未含艺术生3人单考上重点）；上重点人数比去年增加67人，增幅高达81.7%。

（2）上本科线1074人（居南海区第一），比去年增加212人，本科上线率高达87.4%。

（3）总上线人数1229人，总上线率99.3%。

（4）艺术班术科上重点线的7名同学，文化科成绩均超出重点线，另有

3名同学参加艺术类单考上重点线，考入中央民族大学、首都师范大学、星海音乐学院及浙江传媒大学等国内名牌院校。

**2. 总分尖子百花齐放**

（1）理科最高分657分（朱珊清同学），居南海区理科前30名。

（2）文科最高分626分（程婉滢同学），居南海区文科前70名。

（3）文科总分594分以上35人。

（4）理科总分574分以上114人。

**3. 各单科高手如云**

（1）语文最高134分（程婉滢同学），125分以上27人。

（2）文数最高136分（何祖良同学），130分以上6人；理数最高137分（梁敏健同学），130分以上7人。

（3）英语最高143分（陈蔷同学）；140分以上5人。

（4）文综最高252分（黄绍辉同学），240分以上16人；理综最高260分（罗景辉同学、吴广博同学），250分以上15人。

## 二、努力当好基层教师专业发展的促进者

教师队伍建设与学校发展是相辅相成的。一支优秀的师资队伍是学校发展的最大潜力。

作为教学副校长，我结合新的教育形势，立足校本，着眼于发展，不断拓宽具有自身发展特点的校本培训思路，即通过整体规划校本培训，让校本培训呈现主题化和序列式的特点，给教师真正可以交流的空间，让教师在参与活动中获得成长，现已建立起具有桂城中学特色的师资培训模式。

**（一）培育教师的职业幸福感**

**1. 建立共通价值观，让教师的心"聚"起来**

多元价值并存的社会宛若一个巨大的思想超市，教师置身其中，也难免心生迷茫，这就需要学校建立一个被教师普遍认可的共通价值观。

过去一年，我引领教研处在深入研究社会背景、教育改革背景、学校发展背景的基础上，成功举办了主题为《我理想中的桂城中学》《是我的学生感动了我……》等教师论坛活动，激发教职工的主人翁意识，进一步丰富了"正心成人"的校园文化。

**2. 以师德铸"师魂"，构建教师的职业信念**

在校本培训中，我一直把师德培训放在首位。一方面，专门组织老师们观看了描写老师教育问题孩子的美国影片《热血教师》，这部电影是老师们深刻理解"守师德、树形象"的良好教育素材，通过开展师德教育活动，让老师们明白要善于用自身的言行去影响学生，让教师牢记"忠诚、热情、责任"这六个字。

**3. 为教师专业成长铺路搭桥，坚持以科研促发展，使教师的名"扬"出去**

在校本培训中，我引领教研处坚定走"以研促学、以研促教、以研促提升"的特色队伍建设之路，让教师在教学研究中成长、成名，从中体验成长的快乐，收获成功的喜悦。

（1）广泛开展与名校名师"同课异构"系列活动。

坚定走高位发展之路。教研处先后邀请了省"百千万人才工程"教育专家培养对象、华师附中数学名师罗碎海老师，省级名师、佛山一中英语老师朱葵老师，仲元中学的物理科组长卢志军老师，南海区首席教师、石门中学奥赛班英语老师雷蕾老师，南海区名师、石中的李仁老师等与我校高三级老师开展"同课异构"活动，通过高端培训，使教师的各种能力得到了有效的提升。

（2）在高一、高二级开设"教研擂台"活动，让备课组在竞争中合作。

（3）引领教师们用研究的心态面对每一堂课，在全校范围内广泛开展"每人一课"活动，提升常态课的质量。

（4）在高一、高二级开展桂城中学"精益杯"课堂教学大比武活动。

（5）追求真实的校本教研，让教师二次成长。

为了让不同层次的教师都得到相应的提升，实现"老有所领、中有所求、青有所压"，增强校本研训活动的针对性和实效性，学校坚守"用研究引领方向，用方法提升效率"的管理理念，一方面借力区教育局搭建的与华师学科共建的平台，学校先后邀请了华师大肖玲副院长、陈妙云教授到校为高三学生开设了文综、高考作文备考的讲座；邀请了省教研室姚跃涌主任来校制定了新形势下桂中生源理综的应对策略；还邀请了市、区两级的部分教研员到校深入课堂听课、把脉，为我们指明了备考的努力方向。另一方面，为了进一步提升高三级各学科备考的效益，开展了主题为"我为高三'二轮备考'献计谋"的课型研讨活动，抓实教研组内岗位练兵，让教研组真正成为教师成人成事的课堂。

### （二）让学校充满书卷气与书生气

烦琐的日常工作，往往挤压了教师的阅读、思考的时间，这也许是教育者最感无奈的事情。很多教师知道阅读的重要性，却总也难以开始读一页。为此，学校大力提倡"让读书成为习惯"，倡导教师做一位乐于读书的教师。

为了创造有利于教师读书的文化条件，营造浓郁的读书氛围，教研处举办了教师读书交流会，主题为"雷夫与《第56号教室的奇迹》"，这有利于教师树立正确的教育观、职业观和学生观。

### （三）开展"优秀教研组"系列主题活动

开展了主题为"寻找集体备课好榜样"活动，成功举办了桂城中学示范备课组经验交流暨颁奖大会。

### （四）组建质量把关队伍——桂城中学学术委员会，让研究助力课堂

为了进一步提高学校教学、科研和服务的能力，成立了桂城中学学术委员会，学术委员会下面设立了三个年级的听课小组。学术委员会负责学校学科建设、学术研究和教学指导工作，尤其是对教学评价中家长、学生意见大的教师开展帮扶。

### （五）坚守"有开放才有提升"的办学思路

开放的时代呼唤开放的人才，开放的人才需要开放的教育，开放的教育依赖开放的教育教学观。

本学年，教研处以教育教学活动开放日活动为契机，紧密围绕梁校长提出的"教师本领提升年""课堂教学质量攻坚年"系列目标，向社会主动展示我校的办学成果，推动学校办学水平的提升。

2013年4月8日，我校举办2013"魅力桂中"教育教学开放日，获得圆满成功。开放日当天，我校46位优秀教师准备了46节公开课对外开放，并邀请了石门中学、石门中学狮山校区、佛山三中的三位专家和我校的优秀老师进行了"同课异构"活动并进行了交流研讨。由于领导有方、准备充分、策划得当、宣传得力，整个组织过程十分顺利，市内外共480余名领导老师参加了这次活动，盛况多年难得一见。

### 三、关注学生一生的发展

**1. 积极搭建平台，培养学生的创新思维和实践能力**

为了广泛调动学生爱科学、讲科学、用科学的热情，培养学生"敢于探索、勇于创新"的科学精神，营造良好的科技氛围，培养学生创造的品格，激发创新的兴趣和欲望，学校于2013年5月举办了"'探索·创新·成长'桂城中学科技活动周"，努力营造合作创新、自主探究的学习氛围。

**2. 校本课程异彩纷呈**

这有力见证了桂城中学以学生为主体，以校园为主要时空，以高品位、高层次活动为载体，以校园主体意识为主要特征，以培养高素质人才为主要目的的群体性文化。

桂城中学校本课程一览表

| 课程名称 | 科组 | 主持人 |
|---|---|---|
| 精品电影赏析 | 语文 | 许玉成 |
| 品读"四书"《大学》《中庸》《论语》《孟子》 | 语文 | 肖铁 |
| 趣味数学故事 | 数学 | 陈晓峰 |
| 读曹操 | 历史 | 肖翠云 |
| 地理影视 | 地理 | 许敏 |
| 陶艺 | 美术 | 周黄鑫 |
| 剪纸 | 美术 | 陈国玺 |
| 版画 | 美术 | 冼晓 |
| 合唱 | 音乐 | 林玉田、曹建新 |
| 舞蹈 | 音乐 | 高琴 |
| 日语 | 综合 | 外聘日语导师 |
| 茶艺 | 综合 | 林玉田 |
| 英文戏剧 | 英语 | 外籍教师 |
| 动漫班 | 信息 | 骆丽璇 |
| 电视台 | 信息 | 林立 |
| 平面设计 | 信息 | 江宗煌 |
| 虚拟机器人 | 信息 | 林俊平 |

### 四、钻研理论，勇于实践，走向"新我"

在教育教学实践中，当我遇到一个又一个迷惑不解的教学现实问题时，教育理论闯进了我的视野。先进的教育理论以其神奇之力，给我的教学管理与改革注入了新的生机，也为我深入教学管理与改革的实践打开了一扇窗，更让我在探索中收获了喜悦与成功。

（1）2013年4月，我主编出版了科研成果集《桂花飘香》，现正在筹备出版《桂城中学学生成长个案成果集》。

（2）2013年4月，我主持的课题《信息技术环境下发达地区老牌重点中学教师专业发展现状与培训策略》通过了省级立项。

（3）近年获奖情况：

2013年6月被推选为南海区教育系统优秀党员。

2013年7月被推荐为南海区优秀校长候选人。

（4）积极参与社团活动：2013年5月当选为"南海区劳模协会"副会长。

一年来，由于客观条件的限制及主观条件的原因，我的思想水平、理论水平、组织领导能力等方面离上级的要求和学校教职工的期望还有较大的差距，在工作中难以避免地存在这样或那样的问题，这是让我感到十分遗憾的地方，但我坚信：通过今后的加倍努力，我一定能做得更好。

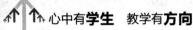
# 情系教育，爱暖校园

时光荏苒，岁月如歌。我从南海中学副校长岗位调任桂城中学副校长已经整整四年了，过去的四年是忙碌而又充实的四年，是进取的四年，更是收获的四年。

四年来，凭着对待教育的那一份激情与执着，我与广大教职工一起在教育的坚守与变革中潜行，登入科学教育的殿堂，窥探科学教育的内核，与师生们一起挑灯夜读，挥汗如雨搏杀考场，一幕幕场景，至今依然历历在目。可喜的是：在全体师生的共同努力下，桂中教育教学质量稳步提升，年年唱响辉煌高考的战歌，也为南海教育尽了绵薄之力，这让我更坚定地朝着心中的目标迈进。

下面我将从七个方面汇报调任桂中以来的工作、学习状况，请批评、请指正！

## 一、与人为善——做真实而有温度的教育

教育的本义在立人，在"上所施"与"下所效"之间，给予人发展的能力，并引其向善。教育如果忽略了"人"，即使形式多样，教育也没有真正发生。与此同时，学校应该是一个富有激情的地方，共同愿景是开启教师群体智慧之门的成长钥匙。拥有共同愿景的学校教师团队，不仅会更有凝聚力，也会具有一种强大的生命力。学校所有的管理都是基于人性的假设的，积极的人性假设有利于学校正能量的传播。

在日常工作中，作为校级领导，我原意把所有的师生都假设成"好的"。我常常告诫自己：教育与管理的愿景就是引导所有师生向"好的"方向走，聚集在美好事物的周围。要练就一双慧眼，能看到团队、学生中的正能量，看到每个人身上的善因子。世界上没有十全十美的人，包括我自己，但每个人一定

有向善的一面，我要看到它，放大它。当然，学校管理有原则性的一面，要依规抑制不良行为的发生。而抑制不良行为的最好方法，就是努力找寻人的好，把人引向善，这样才能形成共通的价值观。

## 二、在锤炼中定位——当好校长的助手

如果把学校比作一艘航船，把校长比作一位船长，显然，副校长是"一副""二副""三副"。作为副校长，我理解、支持校长，无条件服从学校的大局利益，对自己分管的工作高度负责，确保自己分管部门的工作能紧紧围绕学校工作的中心，紧扣学校管理的目标，体现学校管理的风格。

### 1. 注重系统思考，工作前置

美国现代管理学之父德鲁克曾说："靠突击来管理，是混乱的一种标志。""不进行前置思考的人，一定会在现场显得特别忙乱。"基于此，我时刻提醒自己：教学管理涉及的事情千千万万，必须前置，方能从容。

### 2. 注重过程跟进

学校管理从某种意义上来说，是共事的过程，而不是简单的、线性的、生硬的"布置与检查"的过程。管理不是惩罚完不成任务的人，而是尽最大的努力去帮助每个人成事、成人。管理就是服务，服务就是一起做研究。在日常管理中，我努力做一个敬业者，做一个真诚的服务者，注重过程的跟进，用心倾听、有效沟通、发现困难、一起研究。

## 三、努力做一位让教师专业二次成长的促进者

优质师资是学校升级发展的动力引擎，没有教师的主动发展，就很难有学生的主动发展；没有教师的教育创造，就很难有学生的创新精神。

作为抓业务的副校长，我关注教育新动态，立足校本，着眼于发展，通过整体规划校本培训，让校本培训主题化、序列式，并不断完善具有桂中特色的师资培训模式，给教师真正可以交流的空间，让教师在参与活动中获得成长。

（一）适应新的教育格局，不断完善"正心讲坛"，勉励教师正气做人，激励教师大气做事，鼓励教师灵气做学问

四年来，我引领教研处以"正心讲坛"为抓手，开辟了"正心师德讲坛""正心文化讲坛""正心风尚讲坛""正心育人讲坛""正心精神讲坛"。

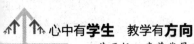
**（二）练就教学"新基本功"，让教师成为守正出新的教育智者**

（1）广泛开展与名校名师"同课异构"系列活动：先后与广东省实验中学、佛山一中、石门中学、广州仲元中学、深圳宝安中学、中山一中、汕头潮阳一中、普宁二中等名校名师开展"同课异构"活动，拓宽了教师的视野，有力促进了教师专业素养的提升。

（2）在高一、高二级开设"教研擂台"，让备课组在竞争中合作。

（3）举办"精益杯"课堂教学大比武活动，推动高效课堂的建设。

（4）深入开展创新班课堂教学探索，并举办《基于情景、基于问题、高效互动、高阶思维》的"智慧课堂"教学大比武活动。

（5）用研究引领方向，用方法提升效率——深度开展"我为高三'二轮复习'献计谋"的新、旧高三教师课堂展示活动，准确把握高考的风向标。

（6）引领教师用研究的心态面对待每一堂课——以科组为单位开展"一课三磨"活动。

**（三）追寻生长的动力源——以开放的姿态，迎接新一轮课程改革的挑战**

坚守以"开放促发展，以开放树形象，有开放才有提升"的教研之路。

2016年4月13日，成功举办了主题为"传递温暖·滋润成长"的教育教学开放日。开放日当天，区内外到场嘉宾接近600人，反响热烈，大大提升了学校的影响力与美誉度。

## 四、当好高三级长的参谋，打好2016届高考的攻坚战

**1. 先做榜样，后做管理**

我一直在教学实践中历练，尽管身处行政岗位，校务繁忙，但只要不出差，我都与级组、备课组的老师们一起备课、辅导、上公开课……在关键时段，还通过多种渠道对教师、学生及家长进行主题宣讲，激发学生的学习内驱力，如《弘扬红岩精神决胜2016高考》《谁暂领风骚》《微创新·破困局》《不懈怠·深挖潜·巩战果》《独行速·共行远》《学会弹钢琴》《高效自习决胜高考的法宝》《志不强者智不达》《怎样实现电脑阅卷背景下少丢分》《做智慧家长·学助考良策》等。

**2. 迎接新高考，推进研教"再出发"**

每一次高考改革，都是学校一次展翅腾飞的机遇。2016年使用全国卷，对

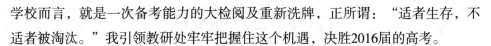
学校而言，就是一次备考能力的大检阅及重新洗牌，正所谓："适者生存，不适者被淘汰。"我引领教研处牢牢把握住这个机遇，决胜2016届的高考。

① 立足于自力更生，多层面推进研究的深入。第一个层面：由高三备课组长及高三教师主导的主题发言研讨会。第二个层面：由科组长、高一、高二备课组长以及市、区骨干教师主导的主题发言研讨会。

② 通过"三驾马车"（科学的顶层设计、学校共同体互助、教师的"自教育"），拓宽教师的视野，提高教师的备战能力。

一是选派高三备考领导小组、高三备课组长到河北衡水中学接受第一轮全国卷高考备考培训。二是分批选派高三教师在省内接受第一轮全国卷高考备考培训。三是逐步扩大范围，分批选派高一、高二的备课组长、骨干教师接受全国卷高考备考培训。

③ 开展新、旧高三优秀教师课堂展示活动。各学科组选派一位2015届在桂城中学担任高三课的优秀老师，与2016届高三任课老师"同上一节课"，通过整合三个年级的优势资源，通过发挥集体的智慧，提升二轮备考的针对性、实效性，为夺取2016届高考胜利添砖加瓦。

④ 借力校内名师，通过特色专题讲座提升"目标生"的综合解题能力。

⑤ 深入开展高考系列反思活动，提升教学高度。为了提升教师理性认识，积累教学经验，增强发展后劲，在6月下旬高考放榜后，高三级全体任课老师结合2016届高考成绩，每人撰写一个高中生成长个案。暑假前学校召开教学线行政、2016届与2017届高三备课组长、高三行政、级长及科组长联席会议，全面反思2016届高考备考的得与失，为2017届备考出谋划策。

## 五、让课程与文化齐飞

基于培养志存高远、思想活跃、行为规范的社会栋梁和民族脊梁的教育信仰，我引领教研处采取了一系列的措施推动该项工作，助力学生幸福成长，如启动"正心育人讲坛"之学生专场，主办了主题讲座《我从高考改卷场回来……》，举办了主题为"动手又动脑·从小学创造"的科技节活动周，积极构建新的校本课程体系等。

## 六、钻研理论，勇于实践，走向"新我"

**1. 主编出版了两本教研成果集**

《桂花飘香》（2013）。

《花样年华Ⅰ》（2014年）。

《花样年华Ⅱ》（2015年）。

**2. 研教相融，推进学校的品质教育**

2016年4月：经广东省教育厅批准成为"广东省中小学教师工作室"主持人。

2015年10月，撰写的论文《校本"自教育"，提质创优之本》在第十三届广东省中小学校长论坛征文中荣获一等奖。

2015年10月，参加南海区关于"全国卷高考试题研究成果评比活动"荣获二等奖。

2014年10月，本人主持的省级课题《信息技术环境下发达地区老牌重点中学教师专业发展现状与培训策略》顺利通过了省级中期检查，课题论文《信息技术支持下新时代教师专业精神与品格的锤炼》荣获广东省三等奖。

## 七、其他方面

2016年6月，被推选为"2016年南海区教育系统直属岗位标兵"。

2015年，被评为南海区区直机关优秀党员。

2015年，连任南海区劳模协会第一届理事会副会长。

2014年6月，当选为佛山市教育学会新一届理事会理事。

# 在教育的坚守与变革中潜行

过去的一年，是承载桂中人新梦想的一年，也是孕育桂中人新希望的一年，更是鞭策桂中人续写新辉煌的一年，正所谓：一年的汗水铸就了一年的光辉！

## 一、立德厚生

校园是一个精神特区，校级领导应该是一个"特殊"的岗位，它的"特"并不在于其位高权重，而在于其独特的专业精神，在于其应该是师生行为的首席教师。

一年来，我始终坚守这样的一个信念："绝不能把校级领导当官做！"每天行走在校园里，教师看到的应该是一个朴素、真诚的我，而不是一个作秀的我；在共同的工作中，让教职工看到一个真实的、有优点也有缺点的我。与此同时，我更要努力做一个敬业者，做一个真诚的服务者。

我爱学校，我爱每一位老师，也爱每一位学生，我要竭尽全力帮助学生发展，千方百计为教师专业的二次成长搭建一个个能传递正能量的平台……

## 二、努力做一位能让教师专业二次成长的促进者

**（一）适应新的教育格局，不断完善"正心讲坛"，勉励教师正气做人，激励教师大气做事，鼓励教师灵气做学问**

一年来，以"正心讲坛"为抓手，通过身边榜样的引领、熏陶，努力打造一支"怀大气、拥底气、扬正气"的师资队伍。

**模块一：完善了"正心师德讲坛"**

推荐在2014届高考中成绩突出的高三班主任或荣获2013—2014学年度"省、市、区、校"部分优秀教师代表进行主题发言，如2014年9月举办了教师

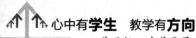
论坛，主题为"探航归来话成长"。

**模块二：完善了"正心文化讲坛"**

富有魅力的学校文化能衍生出一股强大的文化力，它润物无声，能使学校绽放个性神采。为了进一步丰润学校的"正心"文化，我们组织了教师的读书交流会，如2014年11月举办了主题为"从优秀教师到卓越教师：极具影响力的日常教学策略"的教师读书交流会。

**模块三：完善了"正心风尚讲坛"**

以"寻找集体备课好榜样"为活动主线，挖掘在高考或市区统考中涌现出来的优秀科组、备课组的先进事迹，如2015年3月举办了第三届"桂城中学示范备课组经验分享会"。

**模块四：完善了"正心育人讲坛"**

以年级组为单位，讲述级组内一个团队、一位班主任和一位任课老师的育人事迹，营造无私奉献、教书育人的良好氛围，如2014年10月举办了主题论坛："智慧分享站"之《抓细节管理，重细节教育》。

**模块五：完善了"正心精神讲坛"。**

引导全体教师做精神充盈的教师，以实际行动展示桂中人的师德风范，如2015年4月举办了主题为"夸夸我们的同伴"的教师论坛。

**（二）成功举办了教育教学"共同体"——"七校联合体"大会，打响了2015届高考冲刺的攻坚战**

2015年9月，成功举办了桂城中学与深圳宝安中学、中山一中、广州仲元中学、南海中学、汕头潮阳一中、普宁二中建立"七校联合体"大会，通过跨地区的研究、合作与交流，让我校的教师更加自觉奋进。

### 三、让课程与文化齐飞

基于培养志存高远、诚信笃志、思想活跃、行为规范的社会栋梁和民族脊梁的教育信仰，引领教研处采取了一系列的措施推动该项工作。

**1. 开设了富有创意的"预备期"课程**

教研处在高一新生中开设高中预备期课程，帮助新生思考高中学习，规划学业生涯，达到尽快适应高中学习生活的目的。

预备期课程由文化导航、学业导航、学法导航、学程导航四大模块组成。

在引导新生探究"正心成人"内涵的基础上，帮助学生规划高中学业生涯，实现心理转型，学会选择适合自己的学习策略，帮助他们较快完成初高中的衔接，更好地适应高中学习生活。具体包括①开设专题讲座。②各学科的学法指导。③观看军事题材电影并撰写观后感。④做好高一新生情绪调控工作，通过撰写主题周记，及时疏导高一新生的情绪，让他们尽快融入新的环境。

**2. 探索与实践"习惯教育"**

在高一起始年级，教研处携手德育处，倡议桂中学子在高中阶段要养成"十大好习惯"。这"十大好习惯"，涵盖了道德、交往、生活、学习、思维五个方面。

**3. 不断探索、改革实验班的教与学**

（1）学校在高一、高二级实验班开展语文、英语学科拓展式课程建设的实践探索，学生在完成必修内容学习的基础上，拓展语文、英语学科的课内外阅读量，增强高中生课外阅读的有效性。

（2）深入开展了高一、高二实验班教学议教系列活动。深入开展创新班课堂教学探索，举办了第二届《基于情景、基于问题、高效互动、高阶思维》的"智慧课堂"教学大比武活动。

（3）启动了"正心育人讲坛"之学生专场：主办了主题讲座《我从高考改卷场回来……》，邀请了部分刚从高考改卷场回来的资深老师为同学们开设讲座，从一个教育者的角度为同学们的高中学习传经送宝，深受同学们欢迎。

**4. 不断丰富德育特色课程，让学生在"玩"中学**

知识经济呼唤富有创新精神、问题解决能力、卓越沟通能力的人才。基于此，我引领教研处继续推动特色德育课程的开展——科技活动周，并于2015年5月举办了主题为"趣味科技·玩转生活"的科技节活动周。

**5. 积极构建新的校本课程体系，助力学生幸福成长**

随着课程改革的不断推进，学校的活动课及综合实践活动课应越来越凸显出它的重要性，校本课程是教育课程体系中的重要组部分，是向学生进行素质教育的重要途径。在考试压力偏大的大环境下，校本课程恰恰为学生提供了一个多元化的平台，在这一平台上，他们能领略课外知识，能实现兴趣导学，能施展自我风采。基于此，我引领教研处充分挖掘潜力，努力开好校本课程。

（1）重构校本课程。重构后的校本课程彰显出生态、健康、多元、融合的

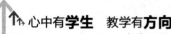
精神气质，学校逐渐形成六大课程版块：国际理解课程、经典阅读课程、创意科学课程、艺术体验课程、阳光体育课程、实践探究课程等。

（2）重视学科竞赛。在高一逐步打造出核心团队。高一设立了数学竞赛组、物理竞赛组、化学竞赛组、生物竞赛组、英语竞赛组、地理竞赛组，在培养各学科优秀学生方面起到了重要的作用，高一各科学习的核心团队已现雏形。

## 四、钻研理论，勇于实践，走向"新我"

### 1. 主编出版了两本教研成果集

《花样年华Ⅰ》（2014年）。

《花样年华Ⅱ》（2015年）。

### 2. 积极投身于课题研究

本人主持的省级课题《信息技术环境下发达地区老牌重点中学教师专业发展现状与培训策略》顺利通过了省级中期检查，课题论文《信息技术支持下新时代教师专业精神与品格的锤炼》荣获广东省三等奖。

### 3. 社会工作方面

2015年，被评为南海区区直机关优秀党员。

2015年，连任南海区劳模协会第一届理事会副会长。

2014年6月，当选为佛山市教育学会新一届理事会理事。

# 为了最美的教育

岁月如歌，转眼间，2016—2017学年已接近尾声。

一年来，为了实现最美桂中的教育蓝图，我与全体教职工一起聚焦重点与难点问题，崇尚"优良的学科成绩＋良好的学习与行为习惯＋特长"的大质量观，奋发进取，成绩可圈可点，现从六个方面向上级领导、全体教职员工汇报，请批评！请指正！

## 一、助力校长，打造最美的教师队伍

一年来，在梁瑞娟校长的引领下，我坚定教育的理想与信念，把传道、授业、解惑、塑造灵魂、传递知识当成人生的乐趣与旨归，热爱教师这一职业，乐于奉献，甘于守护三尺讲台，在平凡中追寻理想，在奉献中成就伟大。

### （一）合道德之力，铸发展之魂

**1. 积极引导教师对"唯生源论"的再认识**

一年来，作为主管教学的副校长，我引领教研处把工作的着力点放在从改变教师的观念开始，不唯生源，关注发展；既看分数，更注重素养；不求最好，只求更好，努力让学校的教学质量每年跃上一个新的台阶。2017年高考，桂中一本上线650人，在去年首次突破400的基础上增加242人，一本上线率达57.27%；二本以上上线人数1113人，增加103人，二本上线率达98.06%。一本上线人数、上线率居南海区第三名、佛山市第五名。

**2. 把"立德树人"建立在教育新常态的历史新使命上**

老牌高中的乡土情怀和平民情结包含着"办人民满意教育"的朴素真理。

乡民是朴实的，能不能让孩子成人成才，是他们评判学校的基本标准，提高教学质量，包括提高升学率是"办人民满意的教育"的起始目标。

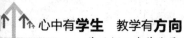

基于此，我引领教研处以教育新常态下的历史新使命为契机，先后举办了主题为"探航归来话成长"之"回望来时路"，"遇见未来的自己""智慧分享站"之"学生需要什么样的镜子"，"同读一本书"之"面向个体的教育"等论坛，引导全体教师以实际行动展示桂中人的精神风范。

**（二）固学术之本，强发展之基**

桂城中学创办30年，现已形成了较为成熟的教师群体，他们为桂中的发展做出了突出的贡献。老树发新枝，既要基于传统、基于现实，更要关注教育改革前沿，用先进的教育理念、教育模式、教育手段聚焦重点、难点、热点，发挥"后发优势"。

一年来，我引领教研处立足于学校传统特色优势学科，围绕育人目标在学科内部、学科之间对知识、能力、方法等要素进行重组，为学生个性化、多样化发展提供保障，促进学校内涵、特色的发展。

**1. 依托历史，面向未来，透过顶层设计，构建学科核心素养体系**

完善《学科三年发展规划》，引领学科组撰写三年教学规划要从学情、师情等要素出发，瞄准高考和成人成才要求，以学生发展为中心，对教学内容选择与整合、教学方式与方法、教学问题研究和解决、教师专业研修与培训，以及课程体系开发与建设等进行系统思考下的，以三年为尺度的统筹安排。

**2. 基于《教师专业标准》，结合学校发展目标，提升教师核心素养**

青黄不接与师能不足是当下我校面临的最大困难，严重制约着我校的新一轮发展。

（1）从建立动力机制入手，增强发展的原动力。教研处采用多种形式，唤醒进步和发展的冲动，让教师在自发和自觉的力量驱使下，实现专业素养的提升；让职业的认同和追求的自觉转化为每一位教师持续发展的精神动力。

① 开展"拍摄教育的幸福瞬间"活动；②在学校微信公众号表彰在佛山市期末统考荣获一等奖的备课组，营造和谐、团结、奋进的氛围。

（2）从建立培养机制入手，搭建分层发展平台。为了让教师的专业成长更有效，学校通过微型团队助推骨干教师发展。每个人的学养、经验、能力、专长、性格都不相同，基于学校发展现实的考虑，我引领教研处致力于打造学校管理、骨干教师、学者型教师三支精英团队。在骨干教师培养方面充分利用好两类平台，一类是"名校联盟"平台——"七校联合体"；另一类是上级教育主管部门搭建的骨干教师培养平台，如"名师研修班""名师工作室""骨干教师高研班"等。

（3）从建立管理机制入手，重构发挥教师主体性的教学研修制度。①特殊时期，代课老师偏多，教研活动要特别强调集体备课的协同性；②科组活动、备课组活动纳入正常的工作量范畴；③充分发挥"学术委员会"的引领作用，成立了六个听课小组，广泛开展听、评课活动，监控各年级组的课堂教学质量与效能。

**（三）借创新之力，探发展之路**

（1）以"微创新"为突破口，提升教学常规管理效能。"细节就是品质"，学校管理需要微创新。面对实际工作中的"碎片"，萌生一些观点或观念，将这些"碎片"集成为"系统"来指导我们的实践，往往会产生更大的效用。

一年来，我引领教研处推行教学线行政、科组长、备课组长（含召集人）理论学习制度；实行年级行政值班日志发布制度；科组、备课组活动状态发布制度。通过"微创新"，让教学线的每个管理人员都能带着思考做工作，带着问题抓管理，有效提高教学线管理工作水平和执行力。

（2）积极开展名校名师示范课活动（名校名师的"同课异构"活动）。

（3）积极开展推进"每人一课"活动。

**（四）开展"真研究"，追求"真发展"**

质量的落脚点是学生，"以质为本"应是学校发展的内核。

**1. 全面反思全国卷背景下佛山期末考与"七校联考"的数据，增强学校的"软实力"**

高一级、高二级的备课组长专门组织组员深度研究《2016—2017学年度佛山高中教学质量检测高一、高二各学科分析报告》；高三级的备课组长专门组织组员深度研究《2017佛一模质量分析报告》，以及即将到来的《2017佛二模质量分析报告》《"广一模"数据分析》。

**2. 深入开展"寻找集体备课好榜样"活动，举办桂城中学第五届示范备课组经验交流会**

一名卓越的科组长、备课组长可以成就一门好学科，一门好学科是一所学校乃至一个地区的教育品牌。为了推动这项工作的有效开展，我引领教研处深入开展"寻找集体备课好榜样"活动，成功举办了桂城中学第五届示范备课组

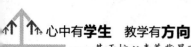

经验分享会。

**（五）登高望远，锐意进取**

为了更好地践行"为学生的一生发展而奠基，为教师专业发展而铺路，为学校未来发展而改革"的学校愿景，我引领教研处以教育教学开放日为契机，通过聚焦课堂、聚焦过程，改进教法，提高学校的办学品位。

2017年4月，成功举办了主题为"七校联合体课堂教学研究展示活动之'原色课程·生长课堂'"教育教学开放日。佛山一中、南海中学、中山一中、仲元中学、普宁二中、潮阳一中、顺德李兆基中学等省内一流名校的12位名师来桂中开展"同课异构"或上示范课，开放日当日到场观摩、切磋的兄弟学校领导、老师超过600人，盛况空前，很好地提升了学校的美誉度。

**（六）集优势力量，决胜2017届高考**

（1）深入开展"我为高三'二轮备考'献计谋"的课型研讨活动。

① 开展新、旧高三优秀教师课堂展示活动。

② 研究"七校联合体"、研究名校、研究同层次学校的先进经验，努力寻找高校备考的突破。

③ 以备课组为单位，深入学习《全国卷2016年试题分析》，认真领会全国卷高考命题精神。

（2）借力校内外名家名师，通过特色专题讲座提升"目标生"的综合能力。

（3）深入开展高考系列反思活动，提升管理效能，提升教育教学高度。为了提升教师的理性认识，积累教学经验，增强发展后劲，全面反思2017届高考备考的得与失，为2018届备考出谋划策。

① 6月下旬高考放榜后，暑假前召开了教学线行政及2017届、2018届、2019届高三备考领导小组联席会议。

② 新学期初，将召开2017届、2018届、2019届高三备课组长会议。

## 二、与年级组管理委员会并肩作战，塑造最美的家长队伍

家庭不只是一个人身体的住处，更是一个人心灵的归宿。家风好，有利于家道兴盛、和顺美满；家风差，难免殃及子孙、贻害社会。正所谓："忠厚传家久，诗书继世长"，优良的家风才是留给子女最宝贵的财富。

一年来，我与年级组管理委员会一起，邀请广东省名班主任办公室主持

232

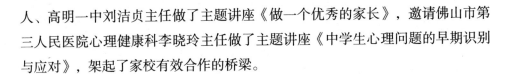
人、高明一中刘洁贞主任做了主题讲座《做一个优秀的家长》，邀请佛山市第三人民医院心理健康科李晓玲主任做了主题讲座《中学生心理问题的早期识别与应对》，架起了家校有效合作的桥梁。

### 三、跨部门联动，培养最美的自信学生

学生的最美成长是我们的终极目标，也是每一所学校、每一个家庭、每一位教师共同的期盼。教育的使命在于促进孩子成就优秀人格，实现生命的幸福。不论他们的发展程度如何，我们都要引导他们一步步地向前、一点点地进步，让他们获得真正的发展空间。

**1. 特色活动，助力学生快乐成长**

一年来，我引领教研处进一步转变育人观：从一味考量学科成绩到特长发展；从扎堆题海到理性对待智趣；从静态的知识教育向以实践活动为主的动态教育转变。基于此，教研处着力推动特色德育课程的开展——科技节活动周。

2017年5月，成功举办了主题为"科学创想"科技活动周。活动内容涵盖了地质结构、生态模型的设计，优秀美术作品展评，"汉字图形化标识"，创意设计比赛，插花艺术作品展览，英文手抄报比赛，硬笔书法展览，机器人，3D打印，纸飞机趣味赛，承重比赛，趣味化学实验，血型鉴定，米酒的制作等。

**2. 营造校本课程生态，引领学生多样化发展**

注重开发校本课程，把师生的生活经验、特长爱好转化为课程资源，从而为学生个性发展提供多样化的课程选择。

基于此，我引领教研处不断完善校本课程体系，充分挖掘潜力，开好校本课程，如中文辩论队（含经典阅读）、英文辩论队（含英文电影欣赏）、合唱、舞蹈、剪纸、版画、程序设计、动画设计、平面设计、各学科竞赛组培训等。2017年6月，我校的舞蹈队在南海区第十一届中小学校园艺术暨学生文明素养展示活动（区直学校专场）中荣获金奖（获奖作品《不能忘记的记忆》）。

### 四、积极投身省级"强师工程"，在南粤大地播种教研之花

2016年4月，经广东省教育厅批准，我成为"广东省中小学教师工作室主持人"。2016年9月、11月，工作室先后为华南师范大学、嘉应学院承担了两批省级骨干教师的跟岗培训活动（每批为期14天），学员来自湛江、茂名、高州、

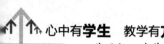
江门、开平、肇庆、德庆、清远、云浮、高腰、四会等地，为经济欠发达地区的教师队伍建设提供了强有力的帮扶。

## 五、其他方面

2017年3月，被评为佛山市"三八红旗手"。

2017年6月，被推选为"2017年南海区教育系统直属岗位标兵"。

# 享受教师职业奋斗的幸福

一个国家要幸福必须奋斗，一个民族要幸福必须奋斗，一所学校、一个年级组、一位教师要幸福也必须奋斗。教师的幸福来自对教育事业深沉的爱，来自责任与使命的职业态度，来自履岗尽责的不懈奋斗。桂城中学近几年（特别是近三年）的办学轨迹，是一条快速奔跑的轨迹，是一条高位发展的轨迹，更是一条勇于担当、艰苦奋斗的创业轨迹，广大桂中人在奋斗中追求着从教者的幸福。

## 一、坚守无条件服从于学校的大局意识

### 1. 在锤炼中定位——当好校长的助手

2017—2018学年度，因为学校工作的需要，我被抽调到2018届高三任主管校长。

一年来，在梁瑞娟校长的领导下，我与2018届高三备考领导小组同人，坚持以"成长"作为级部文化的核心价值取向，建构以"用文化发展人"的管理模式，用心描绘"成长"蓝图，努力创造各种条件，全面提升学生的素质。

### 2. 当好高三级长的参谋，推动级部成长

管理好一个级部，发展好一个级部，不是单靠主管校长（级长）一个人，也不是单靠高考备考领导小组少数几个人之力，而是需要凝聚师生的智慧，倾尽全校之力，有一句话说得好："众人划桨开大船。"

级部工作千头万绪，高考备考领导小组不可能把所有问题都考虑周到，100%监管到位，只有虚心接受来自一线的意见和建议，集众人智慧，才能让级部各项工作不断完善。为此，我带领高三备考领导小组勤奋工作，努力增强工作的前瞻性。

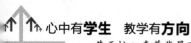
（1）每周五上午第4、5节，召开高三备考领导小组议事会，决策级部的阶段性工作或日常事务，并反思前期工作，调整工作思路。

（2）抓实抓细两条线：一是周五下五第8、9节班主任会议；二是备课组长定期或不定期的质量分析会。

（3）坚守一条底线：理解要执行，不理解也要先执行，后沟通。凡事只对事，不对人，一切不利于团结的话坚决不说，统一思想，统一行动。

（4）鼓励班主任、备课组长为级部建言献策，不断增强级部老师的主人翁意识。级部经常收到来自一线教师充满智慧的真知灼见，立行立改，推动了级部管理走向精细化，最终也取得了新的突破：2018年高考，桂城中学成绩喜人，上高分优先投档线人数达662人（其中文理科608人，艺术类54人）；本科上线人数1195人（不含艺术单考与传媒），比去年增加80人，总人数居南海第一，本科率98.6%。高分人数较多，600分以上考生达33人。艺术传媒类考生成绩突出，孔丽珊音乐类总分579，居全省第11名。邹舒曼美术类总分570分，列全省第100名。传媒生陆建彬在北京电影学院影视摄影与制作专业考试中位列全国第8名。陈彦骏文化成绩和美术成绩均达到中央美院分数线。到目前为止，一大批同学被"双一流"学校录取，如清华大学、中国政法大学、北京航空航天大学、中山大学、北京电影学院、中国传媒大学、华南理工大学、香港中文大学（深圳）等。

## 二、在饱满的精神状态中履岗尽责，不懈奋斗

一年来，我带领高三备考领导小组、教研处与教务处，坚守一个信念：成绩是干出来的，事业发展是奋斗出来的。轻轻松松干不出成绩，舒舒服服成就不了事业，我们必须一如既往地苦干、实干、加油干，保持一往无前的奋斗状态。

### （一）助力毕业班教师成长

**指导思想**：一是工作的规范性和积极性；二是研究型的高三，先研后教，教后再研。

**我们的口号**：百舸争流显身手。高三教师备考过程不是一味地输出，从专业二次成长的角度看，也是一个输入的过程，特别强调：老树要发新枝，坚决反对经验主义。

每位教师都是级部的顶梁柱，级部应当知人善任，充分发挥教师的聪明才智，做到人尽其才。

**梁瑞娟校长**：率先垂范，带领高三备考领导小组"先做榜样，后做管理"；

**周新征主任**：足智多谋，思维活跃，善于捕抓学生的不良动态，及时调控备考节奏；

**徐国民级长**：从不摆困难，少说话，多做事；

**吴文玲级长**：感情细腻、心思缜密，精准宣传工作，营造备考氛围；

**李刚毅**：班主任、级部助理双肩挑，提前结束暑假回校接任高三，他所带的303班是文科平行班中达高分优先出档人数最多的班级（26人）。

为了让更多的青年教师得到锻炼，高三备考领导小组创造性地给他们压担子。

例如，"家长交口赞赏的18岁成人礼"及"耳目一新的高三毕业礼"（突出贡献：胡嘉源、姚霖、郑玲、闫达蔚）（班主任＋级部助理双肩挑）。又如，黄灿龙第一次上高三，他带的320班达优先出档28人，是理科平行班中人数最多的班级。此外，6个实验班全部超额完成指标（胡嘉源、李燕铭、郑玲、甘月平、叶怀燕、陈洁）。

一批资深的备课组长，舍小家，顾大家，无私奉献，感动了学校、家长与学生。

**所福亮老师**：为了不耽误高三的课程，高二假期提前安排手术；

**李杏华、陈妙颜两位老师**：产假未完，提前上班；

**邹颖坚、吴小丹两位老师**：任务特别重（备长＋2个班的课＋兼艺术班的课；其间吴小丹老师的父亲还动了大的手术，吴老师几乎没耽误课）；

**赵毅老师**：班主任、备课组长双肩挑；

**陈国红老师**：两夫妇都在高三，都是高三备课组长；

**梁颖薇、莫春梅两位老师**：综合科大备长，把文综、理综安排得井井有条；

**梅向荣老师**：第一次当高三备长，成熟稳重，临危不乱；

**黄丽坚老师**：连续奋战高三多年，热情未减；

**盘德超、马黎明两位老师**：稳住了大科的地位。

总之，高三备考领导小组着力培育级部教师的职业自信，鼓励教师争先创优，努力把每位教师锻造成教育教学工作的排头兵。

### （二）助力非毕业班教师在专业成长的道路上奋斗

**1. 努力做一位让教师专业二次成长的促进者**

适应新的教育格局，不断完善"正心讲坛"，勉励教师正气做人，激励教师大气做事，鼓励教师灵气做学问。一年来，我引领教研处以"正心讲坛"为抓手，主办了"正心师德讲坛"之"面向大海，幸福花开"，"正心文化讲坛"之"做内心强大的教师——教师常见心理困惑解释"，"正心育人讲坛"之"惩罚教育别缺位"等讲座，开展"寻找集体备课好榜样"之"最美备课组"主题活动，举办了桂城中学备课组分享会。

**2. 以练就教学的"新基本功"**

（1）举办了主题为"浸润式教育教学"的研讨活动。坚守以开放促发展，以开放树形象，"有开放才有提升"的教研之路。

2018年4月，成功举办了主题为"浸润式教育教学"的教育教研讨活动，与名校名师"同课异构"系列活动，活动当日策划了佛山市教研室、佛山一中、广州仲元中学等名校名师广泛开展"同课异构"活动，反响热烈，河源高级中学不顾路途遥远也派教师代表来参与活动，在拓宽教师视野、促进教师专业素养提升的同时，也大大提升了学校的影响力与美誉度。

（2）赛课、评课、磨课打造高效课堂，迎接新一轮课程改革的挑战。

① 举办"精益杯"课堂教学大比武活动，推动高效课堂的建设。

② 深入开展创新班课堂教学探索，并举办"基于情景、基于问题、高效互动、高阶思维"的"智慧课堂"教学大比武活动。

③ 用研究引领方向，用方法提升效率——深度开展"我为高三'二轮复习'献计谋"的新、旧高三教师课堂展示活动，准确把握高考的风向标。

④ 引领教师用研究的心态面对待每一堂课——以科组为单位开展"每人一课"活动。

⑤ 举办新教师汇报课。

（3）以科学的评价做导向。高中阶段教育是九年义务教育和高等教育的衔接口，担负着进一步提高国民素质和为高校输送优秀后备人才的双重任务。不讲升学就不是普通高中，而只讲升学也不是普通高中。基于此，学校的管理生活既要有规则，也要有自由。

一年来，我引领教研处从"人"出发，进一步改进科组活动、备课组活动的管理方式，努力推进幸福校园建设。

学校新修订《桂城中学学科组、备课组活动实施方案》（详见附件）。

学校新修订《桂城中学优秀备课组评选方案》（详见附件）。

（4）注重过程跟进。学校管理从某种意义上来说是共事的过程。

**3. 教师素养提升，硕果累累**

2017—2018学年度，教师参加各级各类比赛累计获奖139人次。其中国家级3人次，省级13人次，市级7人次，区级116人次。

## 三、让分数与素质相得益彰

**1. 特色活动，助力学生快乐成长**

引领教研处进一步改变育人观：从一味考量学科成绩到特长发展，从扎堆题海到理性对待智趣，从静态的知识教育向以实践活动为主的动态教育转变。

（1）举办了主题为"科学探索乐趣多"的科技节活动周。

（2）积极构建新的校本课程体系。

**2. 德育处、教研处联手，体艺成绩亮点多**

（1）2018年7月，广东省中小学生手工艺作品展示活动中冼晓老师辅导的陶艺作品《花仙子》获省二等奖，有新突破。

（2）2018年6月，南海区第十二届中小学生艺术展演暨学生文明素养展示活动中，我校程碧霞老师指导的舞蹈《且吟春语》获金奖和最佳表演奖。

（3）2018年6月，我校杨家照老师辅导的女子排球队参加区中学排球联赛获高中组第七名，有新突破。

（4）2018年5月，广东省第二届中小学生"缤纷社团"风采大赛中，我校林立老师指导的社团"桂城中学电视台"获一等奖，有新突破。

（5）2018年4月，区中学生男子毽球比赛中，我校魏威老师辅导的男子队获第一名。

（6）2018年4月，区中学生女子毽球比赛中，我校林志伟老师辅导的女子队获第二名。

（7）2017年11月，区中学生田径运动会中，我校老师黄首明、覃明、杨家照、刘高林训练的代表队获区第三名。

（8）2017年11月，区中学生篮球锦标赛中，我校柴政老师辅导的女子队

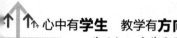 
获冠军。

（9）2017年11月，区班级才艺大赛中，我校林玉田老师辅导的班级获金奖。

到目前为止，学生参加各级各类竞赛获奖399人次，其中国家级10人次，省级111人次（省一等奖15人次，二等奖50人次，三等奖56人次），市级3人次，区级116人次。

## 四、积极投身省级"强师工程"，在南粤大地播种研教之花

2016年4月至今，我经广东省教育厅批准成为"广东省中小学名师工作室主持人"；2017—2018学年度：11月、12月，工作室先后为华南师范大学承担了两批省级骨干教师的跟岗培训活动（每批为期10～14天），学员来自湛江、茂名、高州、江门、开平、肇庆、德庆、清远、云浮、高腰、四会等地，为经济欠发达地区的教师队伍建设提供了强有力的帮扶。

## 五、研教相融，走向"新我"

2017—2018学年度，我先后在国家级刊物、省级刊物及核心刊物发表了4篇论文，分别是：论文《班内教学分层"三步法"》（《中学政治教学参考》2017第11期）、论文《关注"三个整合"，重组教学》（《中学政治教学参考》2018第7期）、论文《新课程背景下高中政治高效课堂的构建策略》（国家级刊物《赢未来》2018第4期）、论文《情境教学法在高中政治教学中的实践与应用》（省级刊物《当代教育实践与教学研究》2018第6期）。

## 六、其他方面

2017年9月，被聘为华南师范大学政治与行政学院硕士研究生兼职导师。

2018年6月，被推选为"2017年度南海区教育系统直属岗位标兵"。

2018—2021年，继续入选广东省中小学名师工作室主持人。

2017—2018学年度荣获南商基金"管理能手"奖。